James Pinckney Kinard

A study of Wulfstan's Homilies

Their style and sources

I0691718

James Pinckney Kinard

A study of Wulfstan's Homilies
Their style and sources

ISBN/EAN: 9783742856616

Manufactured in Europe, USA, Canada, Australia, Japa

Cover: Foto ©Lupo / pixelio.de

Manufactured and distributed by brebook publishing software
(www.brebook.com)

James Pinckney Kinard

A study of Wulfstan's Homilies

TABLE OF CONTENTS.

BIBLIOGRAPHY.

Anglia, VIII. Halle, A./S., 1885.

BRINK, TEN, B.: *Geschichte der Englischen Litteratur.* Berlin, 1877.

DIETRICH, E.: "Abt Ælfrik," *Zeits. für Hist. Theol.*, herausg. von C. W. Niedner, 1855–6.

DIXON, W. B.: *Fasti Eboracensis, Lives of the Archbishops of York*, edited and enlarged by J. Raine. London, 1863.

EARLE, J.: *Anglo-Saxon Literature.* London, 1884.

EARLE, J.: *English Prose.* London, 1890.

FREEMAN, E. A.: *History of the Norman Conquest of England.* 6 vols. Oxford, 1867–79.

FLORENCE, OF WORCESTER: *Chronicon ex Chronicis.* 2 vols. (Eng. Hist. Soc.) London, 1848–49.

FLAMME, J.: *Syntax der Blickling Homilien.* Bonn, 1885.

GALE, THOMAS: *Rerum Anglicanarum Scriptores Veteres.* 3 vols. Oxoniæ, 1684–91.

HOFFMAN, O.: *Reimformeln in Westgermanischen.* Darmstadt, 1885.

KEMBLE, J. M.: *Codex diplomaticus ævi Saxonici.* 6 vols. London, 1839–48.

KEMBLE, J. M: *Salomon and Saturn.* London, 1848.

MOHRBUTTER, A.: *Darstellung der Syntax in den vier echten Predigten des Angelsächsischen Erzbischofs Wulfstan.* Lübeck, 1885.

MORRIS, R.: *The Blickling Homilies.* E. E. T. S. London, 1874–76.

NAPIER, A.: *Über die Werke des Altenglischen Erzbischofs Wulfstan.* Weimar, 1882.

NAPIER, A.: *Wulfstan, Sammlung der ihm zugeschriebenen Homilien nebst Untersuchungen über ihre Echtheit.* [Erste Abteilung.] Berlin, 1883.

ROGER, OF WENDOVER: *Chronica, sive Flores historiarum.* 4 vols. (Eng. Hist. Soc.) London, 1841–42.

SAVILE, SIR H.: *Rerum Anglicarum Scriptores*, etc. Frankfort, 1601.

SCHMID, R.: *Die Gesetze der Angelsachsen.* Leipzig, 1858.

SCHRADER, B.: *Studien zur Ælfric'schen Syntax, ein Beitrag zur Altenglischen Grammatik.* Jena, 1887.

SKEAT, W. W.: *Ælfric's Lives of the Saints.* E. E. T. S. London, 1881–85.

THORPE, B.: *Homilies of the Anglo-Saxon Church* (Ælfric). 2 vols. (Ælfric Society.) London, 1844.

THORPE, B.: *Ancient Laws and Institutes of England.* 2 vols. London, 1840.

THORPE, B.: *Anglo-Saxon Chronicle.* 2 vols. London, 1861.

WANLEY, H.: *Librorum vett. Septentrionalium*, etc. Oxoniæ, 1705.

WÜLCKER, R.: *Grundriss zur Geschichte der Angelsächsischen Litteratur.* Leipzig, 1885.

7

A STUDY OF WULFSTAN'S HOMILIES: THEIR STYLE AND SOURCES.

PART I.

INTRODUCTION.

The first critical work on the homilies ascribed to Archbishop Wulfstan by Wanley, *Catalogue*, p. 140 ff., was done by Arthur Napier, who published at Weimar, in 1882, a dissertation *Über die Werke des Altenglischen Erzbischofs Wulfstan*. In the following year the same author lightened the labors of his followers in Wulfstan criticism by editing all the homilies ascribed by Wanley to the Archbishop.

In the first work Napier, after reviewing the arguments of Wanley, accepts his conclusion that the *Lupi* of the MSS. is a Latin equivalent for the first part of the name *Wulfstan*, and that the person referred to can be no other than the Wulfstan who was Archbishop of York and Bishop of Worcester during the years 1002–1023. He does not, however, accept as Wulfstan's all the homilies ascribed to him by Wanley, but finds that only four, on the basis of MS. authority, can be accepted as his undisputed work. The steps by which Napier reaches this conclusion are given in his own words (p. 7): "Auf Grund der Ueberschrift, *incipiunt sermones Lupi episcopi*, hat Wanley in B. die Homilien 1, 2, 3, 8, 9, 10, in C. 1, 2, 4, 11, 12, in E. 1, 2, 7, 13–29 in seinen Kanon aufgenommen; er hat also ohne weiteres angenommen, dass in jeder der 3 Hss. der Schreiber die Ueberschrift, *incip. s. L. e.*

9

selbständig und mit dem deutlichen Bewusstsein gesetzt habe, dass die Homilien, die er abzuschreiben im Begriff stand, von Lupus herrühren. Dem ist aber nicht so; die Ueberschrift ist, ebenso wie die darauf folgende Predigt, eine blosse Abschrift einer in der gemeinsamen Vorlage stehenden Ueberschrift, und es lässt sich daraus nur schliessen, dass in der Urhandschrift mehrere Homilien des Lupus auf das *incipiunt, etc.*, gefolgt sind. In dieser Urhandschrift haben nun offenbar 1, 2 hinter der Ueberschrift gestanden, denn soweit stimmen alle drei Hss. uberein; was aber auf 2 gefolgt ist, lässt sich bei der Abweichung der Hss. von einander nicht feststellen. Wir dürfen mithin auf Grund der Ueberschrift nur 1, 2 dem Lupus zuerkennen. Dass 5 und 6 auch von ihm stammen, unterliegt wohl keinem Zweifel; drei Hss. nennen ihn als den Verfasser von 5, während eine ihm 6 zuschreibt. Von den 53 Homilien, die Wanley dem Wulfstan beilegt, bleiben somit nur vier, als deren Verfasser Bischof Lupus, in den Hss. selbst mit Namen genannt wird."

Certain parts of homily 4 (Wanley's number), the *Hirtenbrief*, are regarded by Napier as the work of Wulfstan. In MS. C. this homily begins: *Wulfstan arcebisceop greteþ, etc.*, while in MSS. E. K. B. parts of the homily are found without this introduction. Napier, finding on examination of the contents that certain parts cannot belong to the same homily, rearranges the order and accepts the portions which in his edition are numbered xix, xx, xxi, xxii as the work of the Archbishop. As to the other homilies in the collection, Napier (*ib.*, p. 7 f.) thinks it is not improbable that many of them may be genuine Wulfstan homilies: "Indessen ist die Möglichkeit nicht ausgeschlossen, dass viele von den übrigen 49 Predigten dennoch von Wulfstan herrühren. Schon der Umstand, dass mehrere von ihnen sich nur in diesen drei Hss. befinden, könnte, wenn andere Gründe hinzukämen, als Bestätigung dienen; . . . Wir müssen jedoch von den vier Homilien 1, 2, 5, 6 ausgehen und in denselben nach inhaltlichen und stilistischen Kriterien suchen, die uns in unserer Beurtheilung der übrigen Homilien zu einem sicheren Resultate führen können. . . . Zuerst sei hier noch ein Wort vorausgeschickt über die Schwierigkeit der zu lösenden Aufgabe. Dieselbe besteht keineswegs bloss darin, 49 gut überlieferte Homilien durchzugehen, sie zu sichten und entweder als echt aufzunehmen oder als unecht zu verwerfen. Schon eine oberflächliche Durchsicht brachte mir die Ueberzeugung, dass die Mehrzahl der Wulfstan zugeschriebenen Homilien nichts anders, als blosse von den Abschreibern zusammengestellte Kompilationen aus anderen Homilien sei, mit anderen Worten, dass von den 49 Predigten sehr wenige in der ursprünglichen Gestalt noch vorhanden seien. Zum Theil sind sie reine Stoppelwerke, indem die Schreiber das, was sie in mehreren Vorlagen gefunden, mit mehr oder weniger Geschick zusammengeworfen haben. Beschreibungen der Hölle, der himmlischen Freuden u. s. w., Stücke, die sie aus allerlei Quellen geschöpft haben, setzen sie neben kirchliche Gesetze oder Stücke aus der Bibel, und versehen das Ganze mit einem passenden Anfang and Schluss. Zum Theil sind die Predigten, wie sie uns vorliegen, einfache Zusammenstellungen, Bearbeitungen und Erweiterungen kirchlicher Gesetze; zum Theil auch selbständige Predigten von anderen Verfassern, aus den Aelfric'schen Homiliensammlungen und aus den Blickling Homilies, denen der Schreiber meistens einen anderen Anfang gegeben hat."

The difficulties attending any attempt to separate the genuine Wulfstan homilies in this collection from the spurious are emphasized by all critics who have expressed themselves on the subject. This fact, however, should rather inspire than deter an honest study of the material, an effort undertaken here with the hope that it may help somewhat toward a satisfactory conclusion of the matter. The first part of the paper contains a study of the style of the homilies accepted by Napier, along with a comparison of them with the Laws of Æthelred and Cnut, and the Institutes of Polity and Ecclesiastical Institutes. The second part of the paper contains an attempted classification of the remaining homilies, with an effort to determine which of these may be attributed to Wulfstan.

Before proceeding to a treatment of the style of the homilies, the few known facts of Wulfstan's life are given, followed by a short sketch of the times in which he lived, with a word on the reflection of the times in homily XXXIII.

For convenience of reference, Napier's designation of MSS. is given (cf. Napier, *Wulfstan, etc.*, p. VIII).

A = MS. Corpus Christi College, Cambridge, S. 13;
B = "   "   "   "   "   S. 14;
C = "   "   "   "   "   S. 18;
D = "   "   "   "   "   S. 9;
E = "   Junius 99, Bodl. (Oxford);
F = "   Junius 22, Bodl. (Oxford);
G = "   Junius 121, Bodl. (Oxford);
H = "   N. E. F. IV, 12, Bodl. (Oxford);
I = "   Cotton Nero A. I   (Brit. Mus.);
K = "   Cotton Tiberius A. 3   "
L = "   Cotton Tiberius A. 3   "
M = "   Cotton Otho B. 10   "
N = "   Cotton Cleopatra B. 13 "
O = "   Cotton Tiberius C. 6   "
R = "   Junius 23, Bodl. (Oxford);
S = "   Junius 24, Bodl.   "
T = "   Trinity College, Cambridge;
U = "   Ashmole 328, Bodl. (Oxford);
W = "   Corpus Christi College, Cambridge, L. 12;
X = "   "   "   "   "   K. 2;
Y = "   Cathedral at York;
Z = "   Lambeth 489;
b = *Blickling Homilies*, ed. Morris, London, 1880.

LIFE.

A few well-established facts present all that is known of the life of Wulfstan. Rev. W. R. Dixon, *Lives of the Archbishops of York*, London, 1863, I, 131 ff., has collected some of these scattered references and woven them into a consecutive account. By the earliest mention of Wulfstan's name we learn of his elevation to the archiepiscopate of York and the see of Worcester in 1002, the year of the "Massacre of St. Brice." Florence of Worcester, I, 156, speaking of Adulf, says : et non multo post, id est secundo nonas Maii (6 Maii) ipse defunctus, in ecclesia Sanctæ

Mariæ Wigorniæ est sepultus; cui successit abbas Wlstanus.[1] Though Florence and the other authorities cited refer to Wulfstan at the time of his elevation as *abbas*, still his signature, affixed to the charters of the time, shows that he was Bishop of London.[2] A charter granted by Æthelred in the year 1001 (*Cod. Dipl.*, III, 318) is signed:

> + Ego Wlstan Londoniensis
> æcclesiæ episcopus consigillavi.

In the year 1002 (*Cod. Dipl.*, III, 322) we find a charter signed:

> + Ego Uulfstan episcopus adsignavi.

In the same year, 1002, Wulfstan signs himself Archbishop:

> + Ego Wulfstan Eboracensis
> archiepiscopus coelesti signo adfui.

The elevation of Wulfstan is not mentioned in the Anglo-Saxon Chronicle, which, however, records the death of his predecessor.

We find Wulfstan mentioned by Symeon of Durham[3] as witnessing Æthelred's gift of Darlington to St. Cuthbert; and from the *Annals of Burton* we learn that he was present, in 1004, when Æthelred confirmed the foundation of Burton Abbey.[4] The last battle in the struggle between Cnut and Edmund Ironside was fought at Assandun (1016); in the year 1020 Cnut commemorated his victory by rearing a church on the spot. At the consecration exercises Wulfstan was the chief ecclesiastical figure. The *Anglo-Saxon Chronicle*, year 1020, says: "and on þisum geare se cyng fòr to Assandune and Wulfstan arcebiscop and Ðurkil and manega bisceopas mid heom and gehalgodon þæt

---

[1] Cf. also Symeon of Durham, II, 138; Roger of Wendover, I, 435; Roger of Hoveden (Savile), 429; Rer. Ang. Script. (Chronica de Mailros), I, 153.

[2] Freeman, I, 342, note; Wanley, *Catalogue*, p. 140.

[3] Symeon of Durham, I, 83: Inter quos unus ex nobilibus vocabulo Styr, filius Ulfi, a rege Ethelredo impetravit, ut Dearningtum cum suis appendiciis sancto Cuthberto donaret; atque coram rege, et præsentibus archiepiscopo Eboracensi Wulstano et episcopo Dunhelmensi Aldhuno et aliis principalibus viris qui cum rege Eboracum convenerant, ita hoc donum firmatum est, ut qui sancto Cuthberto anferret æterno anathemate damnaretur.

[4] *Annals of Burton* (Gale), III, 246.

mynster æt Assandune."[1]   In the same year Living, Archbishop
of Canterbury, died, and one of the MSS. of the *Chronicle*, Cott.
Domit., A. VIII, records the fact that Wulfstan consecrated his
successor: "And Living arcebiscop forðferde and Ægelnoð munec
and decanus æt Cristes cyrican was þæs ylcan geares þar gehadod
to arcebiscop from Wulfstane arcebiscop."[2]

Wulfstan died at York, May 28, 1023.   This fact is recorded
in two MSS. of the *Anglo-Saxon Chronicle*, Bodl. Laud 636, and
Cott. Domit., A. VIII: "Her forðferde Wulfstan arcebiscop and
feng Ælfric to."   For the fact that he was buried at Ely we have
the testimony of Florence of Worcester[3] and Roger of Hoveden.

SKETCH OF THE TIMES.

Since the best known homily of the Wulfstan collection deals
with the evils which befell the English through the Danish
invasions, a short sketch of the period in which these invasions
occurred is given.

Freeman (*History of Norman Conquest*, I, 44–45) divides the
incursions of the Danes into three periods:

1. Period of simple plunder (787–855).
2. Period of settlement (855–897).
3. Period of political conquest (980–1016).

It was during the last period that Wulfstan lived, and this,
consequently, is the one with which we are here concerned.

With the beginning of Æthelred's reign came the trouble which
was to follow him all the days of his life.   Swend, the Dane, and
Olaf, the Norwegian, had set their eyes on England, and from
their hands the country was destined to suffer untold miseries.

---

[1] Cf. Florence of Worcester, I, 183; Roger of Hoveden (Savile), 437.

[2] Freeman, *History of Norman Conquest*, I, 471, note, thinks it was during this
vacancy—from the death of Living to the consecration of Æthelnoth—that
Wulfstan dedicated the church at Assandun.

[3] Florence of Worcester, I, 183: Wlstanus, Eboracensium archiepiscopus,
Eboraci, quinto Kal. Junii (28 Maii), feria tertia, defungitur, sed corpus ejus
Heli defertur, et ibi sepulitur. Cf. Roger of Hoveden (Savile), 437; *Historia
Eliensis* (Gale), c. XXIX.

If, in the beginning, Æthelred had possessed the spirit of the brave ealdorman, Brihtnoth, all might have been well; but the same year which saw the battle of Maldon (991) saw also the cowardly purchase of peace from the invaders by the king.

To the cowardice of the king was added the treachery of his counsellors. The *Anglo-Saxon Chronicle*, year 992, records the desertion of Ealdorman Ælfric, whom the king had made one of the commanders of his fleet: "Ða sende se ealdorman Ælfric and hêt warnian þone here, and þâ on þære nihte þe hy on þone dæig togædere fôn scealdon, þan sceoc hê on niht from þære fyrde him sylfum to myclum bysmore."

Speaking of this treachery, Freeman (*ib.*, I, 307) says: "We have now reached the first of that long series of utterly inexplicable treasons, which were, in a way as utterly inexplicable, invariably forgiven by those against whom they were wrought. One can understand the wretched policy which buys off an enemy, or the sheer cowardice which flies from an enemy. Contemptible as both of them are, neither of them implies any deliberate treachery or any positive perversion of heart. But what human motive could induce an English Ealdorman deliberately to betray his country to the heathen invaders? Yet so to do now becomes the regular course on the part of the royal favorites, a class who form a strange contrast to the brave men, chiefs and people alike, whose patriotic efforts were so often thwarted by them."

In 994 the combined forces of Swend and Olaf besieged London. Let the *Chronicle* tell how the city was saved and how the disappointed besiegers wreaked their vengeance on the surrounding country: "ac hi þær geferdon maran hearm and yfel þonne hî æfre wendon þæt him ænig buruhwaru gedon sceolde. Ac seo halige Godes modor on þam dæge hire mildheortnesse þære buruhwære gecydde and hi ahredde wiþ heora feondum, and hi þanone ferdon, and worhton þæt mæste yfel þe æfre æni here gedon meahte, on bærnette and heregunge and on manslihtum, ægðer ge be þæm sæ riman and on Eastseaxum and on Kentlande and on Suðseaxum and on Hamtunscire, and æt neaxtan namon him hôrs and ridon him swa wide swa hi woldan, and unasecgendlice yfel wyrcgende wæron." Under these distressing circumstances Æthelred and his witan met and decided—to purchase peace again. This was the last invasion of Olaf, and we hear no more of Swend till the blood of his slain countrymen cried out to him for revenge.

It was in 1002 that the king commanded a massacre of all the Danes in England, "forðam," says the *Chronicle*, "þam cyninge wæs gecyd, þæt hi woldan hine besyrwan æt his life, and siþþan ealle his witan, and habban siþþan his rice." Then came Swend. Exeter was an easy prey through the treachery of Hugh, the Frenchman, Queen Emma's reeve.[1] To oppose the devastating march of Swend, a force was gathered, and we find, strange to say, it was led by Ealdorman Ælfric, the traitor. The *Chronicle's* account of his treachery, through which the enemy were allowed to escape without a battle, is worth quoting : "Ða sceolde þe ealdorman Ælfric lædan þa fyrde, ac he teah þa forð his ealdan wrencas. Sona swa hi wæron swa gehende, þæt ægðer here on oðerne hawede, þa gebræd he hine seocne, and ongann hine brecan to spiwenne, and cwæð þæt he gesicled wære, and swa þæt folc becyrde þæt he lædan sceolde, swa hit gecweden is, Ðonne se heretoga wacað, þonne is eall se here swiðe gehindrad."

To add to the distress of the people there was, in 1005, a famine so terrible that no man remembered a worse.

The next year another army came plundering. This time Kent and Sussex suffered. The king gathered an army for defense, but it melted away without striking a blow. Observe the bitter sarcasm (Freeman, *ib.*, I, 360) of the *Chronicle:* "Ac for eallum þissum se here ferde swa he sylf wolde, and seo fyrdung dyde þære landleode ælcre hearm, þæt him naðer né dohte ne inghere ne uthere. Ða hit winter læhte, þa ferde com þa ofer þa Sǽ Martines mæssan to his friðstole Wihtlande, and tylode him þær æghwær þæs hi behofedon, and þa to þam middan wintran eodan him to heora gearwan feorme, ut þuruh Hamtunscire into Bearrucscire to Readingon, and hi á dydon heora ealdan gewunan, atendon biora herebeacon swa hi ferdon."

The only effective resistance was tribute, and this was paid again in 1007. This gained a respite of two years, which was employed in collecting a great fleet. But even this effort availed

---

[1] *A. S. Chron.* (1003): Her was Exacester tobrocen þuruh þone Frenciscan cearl Hugan, þe seo hlæfdige hire hæfde geset to gerefan.

nothing. A certain Wulfnoð, one of the ship-commanders, was accused of some crime, and the king ordered him to be seized. He fled with twenty ships, and the eighty which were sent to bring him back were destroyed in a storm. Though this loss must have been comparatively small, it had a terribly demoralizing effect on the ships which were left. The consternation is well described in the *Chronicle* (1009): " Ða þis þus cuð wæs to þam oðrum scipum þær se cyng wæs, hu þa oðre geferdon, hit wæs þa swilc hit eall rædleas wære, and ferde se cyng him hâm, and þa ealdormen and þa heahwitan, and forleton þa scipu þus leohtlice, and þæt folc þa, þæt on þam scipon wæron, fercodon eft to Lundene, and leton ealles þeodscypes geswinc þus leohtlice forwurðan, and næs se sige na betere þe eall Angelcyn to hopode."

The coming of Thurkill's fleet, the form in which the evil next took shape, gave occasion for more treachery; again the traitor was an ealdorman, Eadric, more wily, if possible, than Ealdorman Ælfric. On a certain occasion the king was waiting to intercept the enemy, who were returning to their ships laden with booty, when Ealdorman Eadric, by some means not mentioned, interfered and prevented an attack (*Chron.*, 1010): "and eall folc gearu wæs him on to fonne, ac hit wæs þuruh Eadric ealdorman gelet, swa hit gyt æfre wæs."

The year which followed (1010) was the most terrible of all. After a brave but unsuccessful effort of resistance by Ulfcytel, a feeling of general helplessness seems to have settled down upon the people. Sixteen shires were ravaged. Efforts of defense were futile (*Chron.*, 1010): "and þonne hi (Danes) tô scipon ferdon, þonne sceolde fyrd ut êft ongean þæt hi up woldan, þonne ferde seo fyrd ham, and þonne hi wæron be easton, þonne heold man fyrde be westan, and þonne hi wæron be suþan, þonne wæs ure fyrd be norðan." Then came despair and selfishness (Freeman, I, 346; *Chron.*, 1010): "Æt nextan næs nan heafodman þæt fyrde gederian wolde, ac ælc fleah swa he mæst mihte, ne furðon nau scir nolde oðre gelæstan æt nextan."

There was nothing left for the king to do but to fall back on his old expedient of buying peace. This time an enormous price was set, £48,000; and, as it could not be paid till the next year, the enemy continued its depredations. Canterbury was seized, and,

2

through the treachery of Ælfmær, fell. Archbishop Ælfheah was
carried off and held for several months, till his captors, incensed
by his refusal to ransom his life, in a fit of drunken rage, cruelly
put him to death (May 19, 1012).

When Swend came with his son Cnut in the next year, he
sailed up the Humber and received the submission of all the
country north of Watling Street. Turning to the South he was
accepted as "full king." Then followed the flight of Æthelred
to Normandy; his return on the death of Cnut; his own death in
1016. Afterwards came the short, sharp struggle between Cnut
and Edmund Ironside, the division of the kingdom, and the
mysterious death of Edmund.

The line of Cerdic was broken; a Dane ruled all England.

REFLECTION OF THE TIMES IN HOMILY XXXIII.[1]

This homily, while possessing the general features of Wulfstan's
style, exhibits at the same time marked differences from the other
accepted homilies. In its half-poetical, highly emotional nature
it affords us the chief illustration of Wulfstan's peculiar character-
istics of style; but the difference to be noted here is the fact that it
deals with secular events. It is an address to the English people;
a direct outgrowth of the calamities which oppressed them. It is
not difficult to read between the lines. When Wulfstan tells us
(156⁹) that "lytle getrywða wæron mid mannum, þeah hi wel
spæcan," or (160⁵) "her syn on lande ungetrywða micle for gode
and for worulde, and eac her syn on earde on mistlice wisan
hlafordswican manege," there is little doubt that he had in mind
the traitors Ælfric, Eadric, and Ælfmær, with many others, pos-
sibly, whose names we do not know. The memory of the sack of
Canterbury and the murder of Ælfheah, with other occurrences of
like nature, doubtless inspired such passages as 158⁷, "godes hus
syndon to clæne berypte ealdra gerihta and innan bestrypte ælcra
gerysena, and godcunde hadas wæron nu lange swyðe forsawene."
In 158¹³, "ut of þisan earde wide gesealde swyðe unforworhte

¹ Napier, *Wulfstan, Sammlung der ihm zugeschriebenen Homilien, etc.* Berlin, 1883.

fremdum to gewealde," we have mention of an evil which was so common as to call forth legal prohibition.

The famine of the year 1005 was only the most terrible, possibly, of many others; 159[6], " ac wæs here and hunger . . . on gewelhwylcon ende; 159[13], "us unwedera for oft weoldan unwæstma."

We have in this homily, in addition, some interesting facts touching the social condition of the country. The relationship (162[7]) of thrall and thane is reversed; (163[1]) a thrall often binds a thane who was formerly his master and forces him into thralldom. The people have become cowards; (162[15]) in battle one Dane often puts to flight ten or more English; (163[5]) two or three seamen often drive a band of Christian men from sea to sea. Women are most outrageously insulted (162[20], 161[5], note). The greatest evil known to a Germanic people has befallen the English —one member of the family will not protect another; (159[13], 161[6]) brother will not protect brother, a father will not protect his child, nor a child his own father. The sins of the people are summed up in the simple but scathing words of the preacher (164[16]): " menn scamað for gódan dædan swyðor þonne for misdædan."

STYLE.

VOCABULARY.

A comparison of the vocabulary of Wulfstan with that of Ælfric and the Blickling homilist shows that he is not so versatile as the former nor so poetic as the latter. In making such a comparison we should remember, however, that Wulfstan's limited range of subjects does not offer him the opportunity for the display of words found by Ælfric in a great variety of subjects. Wulfstan is strongest in expression when setting forth the sins of the people, exhibiting a vigor and vividness not found in the other homilists. His accumulation of synonyms in detailing the variety and enormity of the prevalent crimes shows that in this variety of expression he is unsurpassed. His words have generally the plain, unfigurative meaning. His force lies in using words of every-day life, words with which his people are familiar.

While his vocabulary is not so literary as Ælfric's, it is more concrete. A marked characteristic of Wulfstan's vocabulary is found in the great number of words of a distinctly legal coloring.

SENTENCES.

In examining Wulfstan's sentences, one is struck by the long lists of words, joined usually by alliteration or end-rhyme. 163[17]:
. . . ac wearð þes þeodscipe . . . swyðe forsyngod þurh mænig-fealde synna and þurh fela misdæda: þurh morðdæda and þurh mândæda, þurh gitsunga and þurh gifernessa, þurh stala and þurh strudunga, þurh mânsylena and þurh hæþene unsida, þurh swicdomas and þurh searacræftas, þurh lahbrycas and þurh æswicas, þurh mægræsas and þurh manslihtas, þurh hadbrycas and þurh æwbrycas, þurh sibblegeru and þurh mistlice forligru. and eac syndon wide, swa we ær cwædan, þurh aðbrycas and purh wedbrycas and purh mistlice leasunga forloren and forlogen ma, þonne scolde, and freolsbricas and fæstenbricas wide geworhte oft and gelome.

26[14]: ðyder sculan mannslagan, and ðider sculan manswican; þider sculan æwbrecan, and þa fulan forlegenan; þider sculan mânsworan and morðwyrhtan; ðider sculan gitseras, ryperas and reaferas and woruldstruderas; ðider sculan þeofas and þeodscaðan; ðyder sculon wiccan and wigleras, . . .

Cf. 159[7]; 163[11]; 165[10], note; 166[3], note; 114[13]; 115[8].

Wulfstan's sentences do not exhibit the same painstaking care which one remarks in the sentences of Ælfric. The following is one of many of like structure showing a loose coördinative style. 8[6]: . . . þa hreas he of heofonum and eall, þæt him hyrde, and hy -gewurdan of englum to deoflum gewordene, and heom wearð hyll gegearwod, and hi þær wunjað on ecan forwyrde.

The sentences are often closed with a short clause expressing censure or warning; sometimes it is a comment on what precedes.

9[14]: and of heom twam is eall mancynn cumen.

14[8]: swa forð hy wæron wið god þa forworhte.

17[18]: and hit sona æfter þæm ealswa âeode.

25[1]: and þæs æfre ænig ende ne cymð.

25[14]: buton hit ær geandet and gebet wære.

111[15]: gif we sylfe þæs geearnjan wyllað.

112[11]: butan he hit ær gebete.

115[4]: butan he geswican and þe deoppor gebetan.

157[6]: gyf hit sceal heonanforð godjende wurþan.

157[9]: gif man þæt fyr sceal to ahte acwæncan.

160[5]: do mâre, gyf he mæge.

160[12]: and ægðer is geworden on þisan earde.

161[4]: and eal þæt is gode lað.

161[8]: and eal þæt syndon micle and egeslice dæda.

163[7]: gyf we on eornost ænige cuþan oððon we woldan ariht understandan.

168[16]: butan he gewende þe raþor to his drihtne.

169[3]: butan he geswice.

The principle of *balance* is used effectively. The author knew well the aid afforded by such a construction to interpretation and memory, as well as the emphasis lent to the balanced parts. Balance is often combined with antithesis, an additional element of emphasis; and in many cases the effect is heightened by alliteration. Some of the more striking examples of balance are:

19[14]: þa, þe godes willan her wyrcað, þa sculan þonne habban ece blisse on heofona rîce, and þa, þe her nu deofle fyligað, and his unlarum, þa sculon þonne mid deofle faran on éce forwrýd helle wites.

21[2]: ac hu mæg þonne æfre ænig man hine inweardlice to gode gebiddan, buton he inwerdlice on god hæbbe rihtne geleafan.

24[20]: forðam, ealswa þa godan habbað ece lîf on myrhðe, swa habbað þa yfelan and þa forwyrhtan éce lîf on yrmðe.

25[1]: þam yrmingan wære micle betere, gif hit beon mihte, þæt hi swa deade wæron, þæt hy ða yrmða leng næfdan, þonne hi swa lyf hæfdon, þæt hi þoljað ece yrmðe.

157[3]: forðam mid miclan earnungan we geearnodon þa yrmða, þe us on sittað, and mid swyðe miclan earnungan we þa bote motan æt gode geræcan.

158[4]: forðam godes gerihta wanedan nu lange innan þysse þeode on æghwylcum ende, and folclaga wyrsedan ealles to swyðe.

160[5]: forðam her syn on lande ungetrywða micle for gode and for worulde, and eac her syn on earde on mistlice wisan hlafordswican manege.

162⁸: gyf þræl þæne þegen fullice afylle, licge ægylde ealre his mægðe; and gyf se þegen þæne þræl, þe he ær ahte, fullice afylle, gylde þegengylde.

163¹⁰: we him gyldað singallice, and hy us hynað dæghwamlice.

168¹⁰: ac þy hit is þe wyrse wide on earde, þe man oft herede, þæt man scolde hyrwan, and to forð hyrwde, þæt man scolde herigean, and laþette to swyðe þæt man scolde lufjan. Cf. 165².

169⁴: la, riht is, þæt we lufjan þa, þe god lufjan, and hetelice ascunjan þa, þe god græmjan . . . þe læs þe we habban ænigne gemanan nu heora synna, and eft heora wita.

Balance of clause or phrase:

21²⁰: Crist, . . . is ægðer ge soð god on godcundnesse ge eac soð man þurh þa menniscnesse, þe he underfeng þurh his modor Scā Marian for ealles mancynnes neode and for ealles middaneardes alysednesse.

23¹⁶: ac he ahredde us þurh his deaþ of ecan deaþe and gerymde us weg to ecan life. we agan nu geweald hwæðer we geearnjan willan þe éce ltf and éce blisse, þe écne deaþ and endelease yrmðe.

110⁸: Leofan men, for ure ealra þearfe Crist com on þis iif and for ure neode deaþ þrowode.

157¹⁰: and mycel is nydþearf manna gehwylcum þæt he godes lage gyme heonanforð georne, and godes gerihta mid rihte gelæste.

Many repetitions are found in the homilies. By consulting p. 32 ff. it will be seen that many of the repeated passages are found in the Laws. These passages were known to be familiar to the people, and are thus frequently used as a means for catching the popular ear. Wulfstan did not avoid repetition. He was pre-eminently a popular preacher, his great object being to gain and hold the attention of his hearers.

Repetition in same homily:

Homily II.

10⁴: þæt hy to gode næfdon naþer ne lufe ne ege, ac on ælce wisan hy þurh heora synna god to þam swyðe gegremedon, þæt he let æt nehstan flôd gan ofer ealne middangeard . . .

13¹⁵: þæt hi næfdon to gode naðer ne lufe ne ege, swa swa hy scoldan, ac þurh deofles lâre unriht lufedon ealles to swyðe, and æt nyhstan þæt folc ða wearð swa wið god forworht, þæt he let faran hæþene here . . .

Homily XXXIII.

156[2]: and þy hit is on worulde a, swa leng swa wyrse.

168[10]: ac þy hit is þe wyrse wide on earde.

156[14]: to wide gynd ealle þas ðeode.

160[15]: wide gynd þas þeode.

157[7]: la hwæt, we witan ful georne . . .

161[6]: Eac we witan ful georne . . .

163[16]: forðam we witan ful georne . . .

157[18]: godes hûs inne and ute clæne berypte.

158[8]: and godes hus syndon to clæne berypte.

159[7]: ne dohte hit nu lange inne ne ute, ac wæs here and hunger, bryne and blodgyte on gehwylcon ende oft and gelome, . . .

162[13]: ne dohte hit nu lange inne ne ute, ac wæs here and hete on gewelhwilcum ende oft and gelome.

160[6]: forðam *her syn on lande* ungetrywða micle for gode and for worulde, and eac *her syn on earde* on mistlice wisan *hlafordswican manege.* and ealra *mæst hlafordswice* se bið on worulde þæt man *his hlafordes saule beswice;* and ful *mycel hlafordswice* eac biþ *on worulde,* þæt man his hlaford of life forræde oþþon *of lande* lifjende drife; and ægðer is geworden on þisan earde ; . . . Æþelred man dræfde *ut of his earde.*

159[15]: forðam on þisan earde wæs . . .

164[10]: and eac her syn on earde . . .

158[12]: and ut of þisan earde wide gesealde . . .

161[3]: man gesealde ut of þisan earde . . .

167[15]: . . . and from unrihte gebugan to rihte . . .

168[10]: . . . þæt man riht healde and unriht alæte. Cf. 166[4].

Repetition in different homilies :

22[20]: hine man band and hine man swang, and æt nyhstan on rode aheng and him ægðer þurhdraf mid isenum næglum ge fet ge handa . . .

110[14]: þa he let hine sylfne bindan and swingan and on rode ahôn and him ægðer þurhdrifan mid isenum næglum ge fet ge handa . . .

165 [3]: and þurh þæt þe man swa deþ, þæt man eal hyrweð, þæt man scolde herjan, and to forð laþet þæt man scolde lufjan.

168 [11]: ac þy hit is þe wyrse wide on earde, þe man oft herede, þæt man scolde hyrwan, and to forð hyrwde, þæt man scolde herigean, and laþette to swyðe þæt man scolde lufjan.

18 [2]: and þæt was swutol þæs þriddan dæges, þa he of deaðe arâs, þa he cydde, þæt he ǽr mihte ful eaðe deað forbugan, gyf he swa wolde; ac he alysde ûs þurh his deaþ of êcan deaþe and geswutelode mid his æriste, þæt he hæfð us gerymed rihtne weg to ecan life . . .

23 [12]: and þæs þriddan dæges of deaþe aras and mænige eac arærde, þe lange ær deade wæron. þa he geswutelode, þæt he ah ægðer geweald ge lifes ge deaþes, and eac þær wæs þa swytol, þæt he ær mihte wiþ deaþ gebeorgan and deaþ forbûgan, gyf he swa wolde. ac he ahredde us þurh his deað of ecan deaþe and gerymde us wêg to ecan life.

26 [4]–27 [3] is almost identical with 114 [3]–115 [4].

FIGURES OF SPEECH.

As may be seen from the extracts already given, Wulfstan uses freely and forcibly *alliteration* and *assonance*. Some examples of *rime* and *kenning* are found. It is a remarkable fact that he uses practically no *tropes* or *similes*. His famous homily XXXIII, considered one of the most figurative bits of Anglo-Saxon prose, is entirely lacking in such figures. Examples of such Word Figures as *polyptoton* and *paregmenon*, and Figures of Repetition, as *anaphora* and *dilogy*, appear.

Illustrations of these figures will appear in a work, soon to be published, on *Tropes and Figures in Anglo-Saxon Prose*, by J. W. Tupper, Ph. D. (J. H. U.), who has kindly allowed me to consult his work in manuscript.

CLEARNESS.

One feels in the homilies of Wulfstan a constant striving after clearness. That the author is not always successful in bringing about this result is due to no lack of effort. Sometimes the very means by which he endeavors to promote clearness produces an opposite effect. His desire, however, seems to be not only to make it possible to understand him, but to make it impossible to misunderstand him.

If an expression is used which might possibly be misunderstood, he frequently adds a simpler, more concrete one, introduced by "þæt is."

7 [16]: and on fruman he gelogode on þære heofonlican gesceafte, *þæt is, on heofona rice,* engla weredu mycle and mære.

109 [7]: his wylla is þæt we ââ æfter ure agenre þearfe geornlice winnan and þæt geearnjan, þæt we to geladode syn, *þæt is, heofona rice.*

22 [15]: he hælde blinde and deafe and dumbe and mistlice gebrocode and arærde mænigne man of deaþe and æt nyhstan, let on him sylfum þæt mæste wundor gewurðan, *þæt is, þæt he geþafode,* swa he sylf wolde, þæt hine man to deaþe forrædde . . .

26 [1]: ac þær gewyrð þurh godes mihte raðe toscaden þæt wered on twa, and sculan þa forwyrhtan, þe her on life gode nôldon hyran, ac deofle fyligdon, þonne eac habban, þæt hy ær gecuron; *þæt is, þæt hy þonne sculon to helle faran.*

27 [10]: eala, eala, gesælig biþ þæt wered, þe þonne on domesdæge asyndred wyrð fram deofles gemânan; *þæt syn þa gesæligan,* þe god lufjað and his bebodu gehealdaþ.

29 [4]: and ænig man oðrum ne bêode butan riht: *þæt is, þæt* gehwa oðrum beode, þæt he wille þæt man him beode.

109 [11]: utan . . . geðencan, hwæt we behetan, þa we fulluht underfengan, oððon þa, þe æt fulluhte ure foresprecan wæran, *þæt is,* þæt we woldon a god lufan.

113 [3]: utan . . . gelæstan bliþum mode gode þa gerihta, þe him to gebyrjan, þæt is, se têoþa dæl ealra þæra þinga . . . Cf. 113 [10].

A further illustration of Wulfstan's striving after clearness is seen in the frequent use of *þæt* clauses.

10 [2]: and syððan ââ swa heora ofspringes and mancynnes mare wearð, swa deofol mâ and mâ manna forlærde and getihte to heora agenre unþearfe swa æt nyhstan, *þæt* hy to gode næfdon naþer ne lufe ne ege, ac on ælce wisan hy þurh heora synna god to þam swyðe gegremedon, *þæt* he let æt nehstan flôd gân ofer ealne middaneard and adrencan eal, *þæt* on worulde wæs butan þam, þe on þære earce wæron, *þæt* was þæt an scyþ, þe godd sylf gedihte

Noe to wyrcanne, and on þam anum scype wearð genered se góda man Nóe and his þry suna and heora wif. eall, *þæt* æfre manncynnes elles wæs, eall hit adranc, and eall *þæt* nu is, eall hit com of þam mannum þe on þære arce generede wæron: and þa, syððan þæt wæs, *þæt* se flod gesette and Noe and his suna landes geweald ahtan, hy gestryndan fela bearna, and of heora ofsprincge com, *þæt* eft wearð folces unlytel.

8²: þa wearð þær án þæra engla swa scinende and swa beorht and swa wlitig, *þæt* se wæs Lucifer genemned.   þa þuhte him *þæt* he mihte beon þæs efengelica þe hine gescop and geworhte; and, sona swa he þurh ofermodignysse *þæt* geðohte, þa hreas he of heofonum and eall, *þæt* him hyrde, and hy gewurdan of englum to deoflum gewordene, and heom wearð hyll gegearwod, and hi þær wunjað on ecan forwyrde.   æfter þam gescop god ælmihtig ænne man of eorþan, *þæt* wæs Adam, and of Adames anum ribbe he gescop him wif to gemacan, se wæs Eua genamod; and to þam hy gesceop god ælmihtig, *þæt* hy and heora ofspring scoldan gefyllan and gemænigfyldan, *þæt* on heofonum gewanad wæs, *þæt* wæs ungerim, *þæt* þænon þurh deofles ofermodignesse into helle behreas.

The vividness and directness of Wulfstan's style is produced largely by the use of concrete statements.   In homily XXXIII we are left in no doubt as to the exact sins which have brought so much sorrow and destruction upon the land; and the evils which oppressed the people are detailed in the plainest terms.   Abstract statements are often followed by concrete examples.   This is well illustrated by the heaping of terms already mentioned.

163¹⁰: we him gyldað singallice, and hy us hynað dægbwam-lice; hy hergjað and heawað, bændað and bismrjað, rypað and reafjað and to scipe lædað.

114⁹: nis se man on life, þe areccan mæge ealle þa yrmða, þe se gebidan sceal, se þe on þa witu ealles behreoseð: and hit is ealles þe wyrse, þe his ænig ende ne cymð æfre to worulde.   ðider sculan mannslagan, etc.   Cf. p. 20.

115⁶: Utan gecyrran georne fram synnum and god biddan inweardre heortan, þæt he us gebeorge wið þone egsan.   Utan forfleon geornlice mán and morþor, etc.

Wulfstan is more concrete in expression than Ælfric.

Ælfric's *Sermo de Initio Creaturæ* (Thorpe, *Homilies of the Anglo-Saxon Church*, vol. I, 8) treats the same subject that a part of Wulfstan's homily II treats.

Ælfric, 16[20]: þa nam hê (Devil) micelne graman and ândan to þam mannum, and smeade hû hê hi fordôn mihte.

Wulfstan, 9[4]: þa wæs him (Devil) þæt in myclan andan, ongann þa beswican and gelæran, þæt se mann abræc godes gebod.

Ælfric, 20[21]: þa wearð þa hrædlice micel mennisc geweaxen, and wæron swiðe manega on yfel awende, and gegremodon God mid mislicum leahtrum, and swyðost mid forligere. Ða wearð God to þan swiðe gegremod þurh manna mândæda þæt he cwæð þæt him ofðuhte þæt hê æfre mancynn gesceop.

Wulfstan, 9[15]: heora bearna ân gedyde syððan eac þurh deofles lare deoflice dæde, *þæt wæs Câin;* he ofsloh Abel, his agenne broþor, and þa wæs godes yrre þurh þa dæde ofer eorðan yfele geniwod. and syððan ââ, swa heora ofspringes and mancynnes mare wearð, swa deofol mâ and mâ manna forlærde and getihte to heora agenre unþearfe swa æt nyhstan, þæt hy to gode næfdon naþer ne lufe ne ege, ac on ælce wisan hy þurh heora synna god to þam swyðe gegremedon, þæt he let æt nehstan flôd gân ofer ealne middaneard and adrencan eal, þæt on worulde wæs butan þam, þe on ðære earce wæron . . .

Ælfric, 24[15]: And þyssere mægðe God sealde and gesette æ.

Wulfstan, 13[3]: and þam sylfan· cynne god sylf sette lage and Moyse bebead, þæt he hy be þære lage wisjan scolde. se Moyses wæs godes sylfes gespeca, and se Moyses wæs eac þæs rihtcynnes.

Ælfric, 24[33]: Seo halige moder María þa afedde þæt cild mid micelre arwurþnesse and hit weox swa swa oðre cild doð, buton synne anum.

Wulfstan, 16[17]: and swa on þære menniscnesse wæs seo godcundnes bediglod, þæt he þurh eadmetta on his menniscnesse eal adreah, þæt mann deþ, butan synne anre. þa he cild wæs, eall hine man fedde, swa man oðre cild fedeð; he læg on cradole bewûnden, ealswa oðre cild doþ, hine man bær, oð he sylf gân mihte. þurh ælc þing seo menniscnes adreah, þæt hyre to gebyrede: hine þyrste hwylum and hwilum hingrode, he æt and dranc and ægðer he þolode ge cyle ge hætan.

This concreteness is another evidence of the author's popular tone; it is his striving to reach the people; to make them understand.

FORCE.

Wulfstan has an object beyond that of merely being understood; he has a consuming desire to move men to action. This is best illustrated by homily xxxiii. Here the preacher is in a condition of intense excitement. The constant ravaging of England by the Danes, the cowardly and criminal action of king and people, the despoiling and destruction of houses of God moved him to strong utterance. He deals in no euphemisms; sins are depicted in all their horrid ghastliness, and a dark picture it makes.

His heaping of specific terms in pairs or triplets produces a forcible effect. 159[5]: here and hunger, bryne and blodgyte . . . stalu and cwalu, stric and steorfa, orfcwealm and uncoðu, hol and hete . . . 115[8]: mán and morðor and manslihtas, stala and strudunga and searacræftas . . .

An effect of swift movement, coupled with much strength, is produced by a long sentence, consisting of clause after clause, each setting forth a separate act of wrong-doing on the part of the people. 158[4]: Ac soþ is, þæt ic secge, þearf is þære bote, forðam godes gerihta wanedan nu lange innan þysse þeode on æghwylcum ende, and folclaga wyrsedan ealles to swyðe, and halignessa syndon to griðlease wide, and godes hus syndon to clæne berypte ealdra gerihta and innan bestrypte ælcra gerysena, and godcunde hadas wæron nu lange swiðe forsawene and wydewan fornydde on unriht to ceorle and to mænige foryrmde and earme men beswicene and hreowlice besyrwde and ut of þisan earde wide gesealde swyðe unforworhte fremdum to gewealde and cradolcild geðeowode þurh wælhreowe unlaga for lytelre þyfðe, and freoriht fornumene and þrælriht generwde and ælmesriht gewanode . . .

In the following passage we have a similar effect, though the transition from one subject to another is not so rapid.

162[13]: ne dohte hit nu lange inne ne ute, ac wæs here and hete on gewelhwilcum ende oft and gelome, and Engle nu lange eal sigelease and to swyðe geyrgde þurh godes yrre, and flotmen swa

strange þurh godes þafunge, þæt oft on gefeohte an feseð tyne and
hwilum læs, hwilum ma eal for urum synnum. and oft tyne
oððe twelfe ælc æfter oðrum scendað and tawjað to bysmore þæs
þegnes cwenan and hwilum his dohtor oððe nydmagan, þær he on
locað, þe læt hine sylfe rancne and ricne and genoh godne, ær þæt
gewurde. and oft þræl þæne þegen, þe ær wæs his hlaford, cnyt
swyðe fæste and wyrcð him to þræle þurh godes yrre.

Wulfstan has devices for heightening the effect of his discourse.
These devices are simple, and their occasional use would call forth
no remark; it is the frequency of their recurrence that gives them
the prominence of being one of the most marked features of his
style.

One of these devices is the positive, assertive introduction to
sentences.

Homily II.

7 [11]: Leofan men, ic bidde eow . . .

Homily III.

21 [12]: Leofan menn, understandaþ swyðe georne . . .
23 [20]: witodlice witan we motan . . .
25 [6]: eala, leofan menn, hwæt, we georne geseoþ.

Homily XIX.

108 [3]: Leofan men, understandað . . .

Homily XXXIII.

156 [4]: Leofan men, gecnawað, þæt soð is . . .
156 [7]: understandað eac georne . . .
157 [7]: la hwæt, we witan ful georne . . .
158 [4]: Ac soð is, þæt ic secge . . .
161 [6]: Eac we witan ful georne.

Homily XXXIV.

167 [13]: Leofan men, utan understandan . . .
168 [4]: ac soþ is, þæt ic secge, gyme, se þe wille . . .

169[4]: la, riht is . . .

In homily XXXIII sentences are often closed with such expressions as the following:

159[3]: gecnawe, se þe cunne.   Cf. 162[2].

160[5]: do mâre, gyf he mæge.

161[5]: gelyfe, se þe wille.

161[9]: understande, se þe wille.

162[13]: understande, se þe cunne.

Very characteristic of Wulfstan is the frequent use of the following intensifying expressions:

ealles to swyðe, 158[6]; 164[18]; 14[1].   to swyðe, 156[8]; 162[16]; 168[13]; 112[5].

ealles to manige, 164[11]; 165[4].   to mænige, 158[11]; 160[16].   to fela, 156[10]; 160[15]; 161[5].

swa georne, 156[11].   ful georne, 157[7]; 163[17].   georne, very often.

ealles to gelome, 157[13].

ealles to wide, 11[11]; 156[13].   to wide, 158[2].

æt nyhstan, 11[3]; 13[16]; 14[1]; 22[17]; 22[20].

oft and gelome, 112[17]; 159[9]; 161[13]; 162[13]; 162[15]; 164[9].

inne ne ute, 157[16]; 159[8]; 162[14].   inne and ute, 157[18].   Cf. Napier, Diss., p. 12.

NARRATION.

The best illustration of Wulfstan's power of narration is found in homily II, this being a running account of events from the creation to the death of Christ.   The movement is accelerated by the use of the most important facts only, these being selected with excellent judgment.

In this homily there is no mention of the wonderful marvels connected with Mary and the Apostles; none of the symbolism which formed such a striking feature of the homiletic literature of the time; none of the *betacnung* which is so characteristic of Ælfric. A short abstract of homily II will show with what ease Wulfstan passes from one event to another.

'God created heaven and earth and all creatures, and in the beginning established in heaven the host of Angels.   One of these, Lucifer, became so bright and glorious that he thought he might be equal with his creator.   When he thought this, he and those who obeyed him fell into hell. To repair the loss thus suffered God created Adam and Eve. When the devil perceived for what purpose they had been created he became angry and sought to mislead them. Eve fell and through her, Adam; so they were expelled from heaven and thrust into the world where they lived in sorrow. One of their children, Cain, slew his brother Abel, and on account of this sin God's anger was kindled on the earth. Through the machinations of the devil men grew worse and worse till, finally, they had for God neither love nor fear. Then God sent the flood, and all were destroyed except Noah and his three sons and their wives, from whom another race of men sprang. These the devil likewise deceived, and they forgot God. A heathen army was allowed to overrun the land, and the people were led away. After seventy years they were permitted to return home, and of their kin was born the blessed Mary, who became the mother of Christ. Christ was both divine and human, and suffered all that belongs to humanity. When he reached a suitable age he chose his disciples, and having instructed them himself, sent them into the world to teach the true faith. He manifested through his miracles that he was the son of God, and before his time came, foretold his disciples how he would suffer. He was betrayed by one of his disciples, and suffered death. The third day he arose, thus showing that he might have avoided death if he had so desired. After forty days he came from heaven with a host of angels, and by his return to heaven opened for us the way to eternal life. Thence he will come again to the judgment. We know that the judgment is approaching because we have seen many of the tokens which Christ said would come. Antichrist will come and after him the end of the world. Every man will receive the reward which he earned on earth. Let us love God and earn eternal joy.'

There is little opportunity for judging Wulfstan's power of description. Homily xxxiii is descriptive, in general, of the hopeless condition of the country. It should be mentioned of this homily that there is in it a distinct, well-sustained rhythm. One cannot escape the conclusion that there was a conscious effort to produce such an effect. This rhythmical element has been seized on by the defenders of the theory that Otfrid's verse was known

and used in England, and Einenkel (*Anglia*, VIII, Anz. 200 ff.)
has arranged in this verse a portion of homily XXXIII.   In the
same volume of *Anglia*, Anz. 211 ff., Trautmann has arranged
similarly other portions of the Wulfstan collection.   The fact that
we have other rhythmical homilies, Ælfric's *Lives of Saints*, makes
it possible that it was customary to use homilies in this form on
certain solemn occasions.   The rhythmical element doubtless made
them particularly suitable for intonation in large cathedrals.

RELATION OF THE ACCEPTED HOMILIES TO THE LAWS.

A casual reading of the homilies discovers the fact that they
follow closely, in many places, the *Laws* and *Institutes*.   I give
below the result of a comparison with the *Laws* of Æthelred and
Cnut (Schmid), and the *Institutes of Polity* and *Ecclesiastical Insti-
tutes* ('Thorpe).

Napier (*Über die Werke des Altenglischen Erzbischofs Wulfstan*)
has called attention to several of the more striking agreements.

Homily II.[1]

The opening lines of this homily, 6 [1]–7 [10], are the same as ll.
328 [27]–330 [6] of the *Institutes of Polity* (Thorpe, II) with these
differences :

Inst., 328 [33]: "swa hlude swa byme," not in Wulfstan ; Wulf-
stan, 7 [7]: "godes," not in Institutes. (Napier, *Über die Werke*, etc.,
p. 62.)

Homily III.

Thorpe, II, 330 [23]: Tæceð cristenum mannum georne and gelome rihtne geleafan, and þæt hi cunnon heora cristendomes and heora fulluhtes gescead witan.	Wulfstan, 20 [6]: Leofan men, doð, swa eow mycel þearf is, understandað, þæt ælc cristen man ah micle þearfe, þæt he his cristendomes gescead wite, and þæt he cunne rihtne geleafan rihtlice understandan. wac bið þæt geðanc on cristenum men, gyf he ne cann understandan

---

[1] Napier : *Wulfstan, Sammlung der ihm zugeschriebenen Homilien, etc.*

Schmid, 266; Cnut, c. 22: And we lǽraðⁿ, þæt ǽlc cristen man geleornige, þæt he hûru cunne rihtne geleâfan âriht understandan, and Pater Noster and Credan geleornian, for þâm mid þâm oðrum sceal ælc cristen man hine tô God gebiddan, and mid þâm oðrum geswutelian rihtne geleâfan. Crist sylf sang Pater noster ǽrest, and þæt gebed his leoringc-cnihtum tæhte, and on þâm godcundan gebede sŷn VII gebedu. Mid þâm se þe hit inweardlîce gesingð, he geâȝrendað tô Gode sylfum ymbe ǽfre ælce neôde, þe man beðearf, âðor oððe for ðysum lîfe oððe for þâm tôweardan. Ac hû mæg þonne ǽfre ǽnig mann hine inweardlîce tô Gode gebiddan, butan he ou God hæbbe inweardlîce sôðe lûfe and rihtne geleâfan . . .

Schmid, 234; Æthelred, c. 42: þæt hî *rihtne geleâfan* ânrædlîce *habban on þone sôpan God, þe is wealdand and wyrhta ealra gesceafta.*

Thorpe, II, 330⁶: *þæt is, þæt hi þonne sculon to helle faran*

3

þurh rihtne geleafau þæne, þe hine gescop and geworhte, and gyf he nele geleornjan, þæt he cunne, þæt ælc cristen man huru cunnan sceal, pater noster and credan. forðam mid þam oðrum sceal ælc cristen man hine to gode gebiddan and mid þam oðrum geswuteljan rihtne geleafan. Crist sylf sang pater noster ærest and þæt gebedd his leorningcnihtum tæhte; and on þam godcundan gebede syn VII. gebedu, mid þam se, ðe hit inwerdlice gesingð, geærndað to gode sylfum ymbe æfre ælce neode, þe man beðearf, aðor oððon for ðisum lîfe oððon for ðam toweardan. ac hu mæg þonne æfre ænig man hine inweardlice to gode gebiddan, buton he inwerdlice on god hæbbe rihtne geleafan.

(Cf. Napier, *Über die Werke,* etc., p. 66.)

21¹²: . . . *þæt ge æfre habban rihtne geleafan on ænne ælmihtigne god* . . . *þe gescôp heofonas and eorðan and ealle gesceafta.*

21¹⁹: . . . *waldend and wyrhta ealra gesceafta.* Cf. 108⁵: *and gelyfan anrædlice on god ælmihtigne þe is waldend and wyrhta ealra gesceafta.*

26⁴: *þæt is, þæt hi þonne sculon to helle faran mid saule*

mid sawle and mid lichoman and mid deofle wunian on helle witum.

Thorpe, II, 330 [8] : Wa þam þe þær sceal wunian on witum. him wære betere þæt he næfre on weorulde man ne gewurde þonne he gewurde. Nis se man on life þe areccan mæge ealle þa yrmða þe se gebidan sceal. seþe on þa witu ealles behreoseð. and hit is ealles þe wyrse þe his ænig ende ne cymð næfre to worulde.

Schmid, 274; Cnut, c. 6 : *manslagan* and *mánswonan*, hadbrecan and *ǽwbrecan* . . .

Schmid, 274; Cnut, c. 7 : Liceteras and leðgeras, *rýperas and redferas* . . .

Thorpe, II, 320 [1] : ryperas and reaferas hi sculan hynan . . .

Schmid, 226; Æthelred, c. 3 : . . . *þæt muneca gehwylc . . . do swa him þearf is; . . . and misdǽda geswice, and bête swýðe georne, þæt he ábrocen hæbbe;* . . .

and mid lichaman and mid deofle wunjan on helle witum.
(Cf. Napier, *Über die Werke*, etc., p. 67.)

26 [8] : wa þam, þe þær sceal wunjan on wite; him wære betere, þæt he æfre on worulde man ne gewurde, þonne he gewurde. nis se man on life, þe areccan mæge ealle þa yrmða, þe se gebidan sceal, se þe on þa witu ealles behreoseþ; and hit is ealles þe wyrse, þe his ænig ende ne cymð æfre to worulde.
(Cf. Napier, *Über die Werke*, etc., p. 69.)

26 [14] : þyder sculan *mannslagan*, and þyder sculan manswican, þider sculan *ǽwbrecan* and þa fulan forlegenan; þyder sculan *mánswonan* and morð-wyrhtan; þyder sculan gitseras, *ryperas and reaferas* and woruldstruderas . . . þider sculon wiccan and wigleras . . .

Cf. 165 [10], note: her syndan . . . *mannslagan* and mægslagan . . . *mánswaran* and morðorwyrhtan . . . and fule forlegene horingas manege.

27 [4] : ac do nû *manna gehwylc, swa him mycel þearf is, geswice yfeles and bete his misdæda þa hwile, þe he mage and mote.*

Thorpe, II, 322 [27]: ac we agan neôde, þæt we hit gebetan, swa we geornost magan.

Schmid, 234; Æthelred, c. 49: . . . ac manna gehwylc ôðrum beôde þæt riht, þæt he wille, þæt man him beôde, . . .

29 [4]: . . . and ænig man oðrum ne beôde butan riht: þæt is, þæt gehwa oðrum beode, þæt he wille, þæt man him beode. Cf. 112 [3].

(Cf. Napier, *Über die Werke*, etc., p. 68.)

Homily XIX.

Thorpe, II, 338 [6]: . . . and call þæt gelæstan þæt þæt we behetan, þa we fulluht underfengon, oððon þa þe æt fulluhte ure foresprǽcan wæron. Ðæt is þonne ærest, þæt þæt man behateð þonne man fulluhtes gyrnð, þæt man á wile deofol ascunian, and his unlare georne forbugan . . . þæt man þananforð áá wile on æune God æfre gelyfan, and ofer ealle oðre þing hine á lufian, and æfre his larum geornlice fylgean, and his agene beboda rihtlice healdan.

109 [14]: . . . and geðencan, hwæt we behetan, þa we fulluht underfengan, oððon þa, þe æt fulluhte ure foresprecan wæran; þæt is, þæt we woldan a god lufjan and on hine gelyfan and his bebodu healdan and deofol ascunjan and his unlara georne forbugan . . .

Homily XXII.

Schmid, 230; Æthelred, c. 25: . . . eallum cristenum mannum sibb and sôm gemǽne . . .

Thorpe, II, 340 [25]: Ealle we sculon ænne god rihtlice lufian and weorþian, and ænne cristendôm georne healdan, and ælcne hæþendom mid ealre mihte awyrpan.

112 [13]: ac utan gladjan georne god ælmihtigne, habban us soðe sibbe and some gemæne . . . utan gyman, þæt we urne cristendom clænlice gehealdan, and aweorpan ælcne hæþendom and habban rihtne geleafan . . .

Schmid, 230; Æthelred, c. 28:
. . . and að and wedd wærlīce
healde, . . .

Schmid, 230; Æthelred, c. 22:
And freólsa and fæstena healde
man rihtlīce.

112^{18}: . . . and å að and wedd
wærlice healdan and freolstida
and fæstentida rihtlice under-
standau . . .

(Cf. Napier, *Über die Werke*,
etc., p. 69.)

Schmid, 264; Cnut, c. 18:
. . . forðåm calle we sceollon
ǽnne tīman gebīdan, þonne ûs
wǽre leófre þonne eall þæt
on middan-earde is, þæt we
åworhtan þå hwīle, þe we
mihton georne, Godes willan;
ac þonne we scolan habban ån-
feald leån þæs, þe we on līfe
år geworhtan, wå þåm þonne,
þe år geearnode helle wīte.

113^{14}: . . . an tima cymð
ure æghwylcum, þæt us wære
leofre, þonne eal, þæt we on
worulde wiðæftan us læfað,
þær we å worhton þa hwile, þe
we mihtan, georne, þæt god
licode. ac þænne we sculan
habban anfeald lean þæs, þe we
on life ær geworhton. wa þam
þonne, þe ær geearnode helle
wite.

Thorpe, II, 312^{33}: Eallum
cristenum mannum gebyreð,
þæt hi riht lufian and unriht
ascunian.

115^{11}: . . . utan lufjan riht
georne and ælc unriht ascunjan.

Thorpe, II, 320^{29}: . . . butan
he geswice, and þe deoppor ge-
bete for Gode and for worulde.

115^{4}: . . . butan hy geswican
and þe deoppor gebetan.

Homily XXXIII.

Thorpe, II, 340^{9}: And ue
sceolde man æfre cyrican derian,
ne ænig woh beodan, on ænige
wisan. ac nu syndon þeah cyr-
can wide and side wace gegri-
ðode, and yfele geþeowode and
clæue beryþte ealdra gerihta,
and inuan bestryþte ælcera ge-
risena, and cyric-þenas syndou

157^{18}: on hæþenum þeodum
ne dear man forhealdan lytel
ne mycel, þæs þe gelagod is
to gedwolgoda weorþunge; and
we forhealdaþ æghwær godes
gerihta ealles to gelome. and
ne dear man gewanjan on hæþe-
num þeodum inne ne ute ænig
þæra þinga, þe gedwolgodan ge-

mæðe and munde gewelhwær bedælde, and wa þam þe þær wealt, þeh he swâ ne wêne . . .

broht bið and to lacum betæht bið; and we habbað godes hûs inne and ute clæne berypte. and godes þeowas syndan mæþe and munde gewelhwar bedælde; . . . Ac soþ is, þæt io secge, þearf is þære bote, forþam godes gerihta wanedan nu lange innan þysse þeode on æghwylcum ende . . . and halignessa syndon to grið-lease wide, and godes hus syn-don to clæne berypte ealdra and innan bestrypte selcra gerysena, and godcunde hadas wæron nu lange swiðe forsawene . . .

Thorpe, II, 324[17]: Eallum cristenum manuum is mycel þearf, þæt hi Godes lage fyli-gean, and godcundre lare georn-lice gyman.

157[10]: and mycel is nydþearf manna gehwylcum, þæt he godes lage gyme heonanforð georne . . .

Thorpe, II, 324[26]: . . . þæt gehadode menn regollice libban, and læwede lahlice heora lif fadian to þearfe heom sylfum.

159[18]: . . . ne ure ænig his lif fadode, swa swa he scolde, ne gehadode regollice ne læwede lahlice . . .

Thorpe, II, 312[6]: . . . þæt he Godes larum and his lagum fylgie, þonne geearnað he him ece myrhðe.

166[5]: and utan god lufjan aud godes lagum fyligean . . .

Schmid, 234; Æthelred, c. 42: . . . and Godes lârum and lagum rihtlîce filigan, . . .

Thorpe, II, 324[23]: And gif hit geweorðe þæt folce mis-

159[7]: ne dohte hit nu lange inne ne ute, ac wæs here and

limpe, þurh here oððon hunger, þurh stric oððe steorfan, þurh unwæstm oððe unweder, þonne rædan hi georne . . .

hunger . . . on gewelhwylcon ende . . . and us stalu and cwalu, stric and steorfa . . . derede swyðe þearle, and us ungylda swyðe gedrehton, and us unwedera for oft weoldan unwæstma . . .

Thorpe, II, 338[6]: . . . and eall þæt gelæstan þæt þæt we behetan, þa we fulluht under-fengou, oððon þa þe æt fulluhte ure foresprecan wærou . . . and utan word and weorc rihtlice fadian, and ure ingeðanc clæn-sian georne, and að and wedd wærlice healdan, and gelome understandan þone miclan dom, þe we ealle to-scylon, and beor-gan ûs georne wið þone weal-lendan bryne helle wites, and geearnian us þa mærða and þa myrhða, þe God hæfð gegear-wod þam þe his willan on worulde gewyrcað.

166[5]: and utan god lufjan and godes lagum fyligean and gelæstan swyðe georne þæt, þæt we behetan, þa we fulluht underfengan, oððon þa, þe æt fulluhte ure foresprecan wæron. and utan word and weorc riht-lice fadjan and ure ingeðanc clænsjan georne and að and wedd wærlice healdan and sume getrywða habban us betweonan butan uncræftan. and utan ge-lome understandan þone miclan dom, þe we ealle to sculan, and beorhgan us georne wið þone weallendan bryne hellewites and geearnjan us þa mærða and þa myrhða, þe god hæfð gegear-wod þam, þe his willan on worulde gewyrcað.

Schmid, 228; Æthelred, c. 9: And witena gerædnes is, þæt man cristene men and unfor-worhte of eard ne sylle, ne hûrn on hæþene þeóde, . . .

158[13]: . . . and ut of þisan earde wide gesealde swyðe unforworhte fremdum to ge-wealde . . .

Schmid, 226; Æthelred, c. 3: . . . and bête swyðe georne, þæt he âbrocen hæbbe; . . .

159[6]: . . . þæt we ær þy-san oftor bræcan, þonne we bettan . . .

Schmid, 232; Æthelred, c. 38:
. . . and gif he geonbyrde and
sylf gewyrce, þæt hine man
áfylle, licge ǽgilde.

162 [5]: . . . gyf þræl þæne
þegen fullice afylle, licge ægylde
ealre his mægðe . . .

Schmid, 230; Æthelred, c. 28:
And swícollíce dǽda and láþ-
lice unlaga áscúnige man swíðe,
þæt is, . . . fúle forligra, and
egeslíce mán-swara and deófílce
dǽda, on morðweorcum and on
manslihtan, on stalan and on
strúdungan, on gitsungan and
on gifernessan, on ofermettan
and on oferfyllan, on swíc-
cræftan and on mistlícan láh-
brican, on ǽw-brican and on
hád-brican, on freóls-bricon and
on fæsten-bricon, on cyric-rénan
and maniges cynnes misdǽdan.

163 [19]: . . . swyðe forsyngod
þurh mænigfealde synna and
þurh fela misdæda: þurh morð-
dæda and þurh mándæda, þurh
gitsunga and þurh gifernessa,
þurh stala and þurh strudunga,
þurh mánsylena and þurh hæ-
þene unsida, þurh swicdomas
and þurh searacræftas, þurh
lahbrycas and þurh æswicas,
þurh mægræsas and þurh man-
slihtas, þurh hadbrycas and
þurh æwbrycas, þurh sibblegeru
and þurh mistlice forligru. and
eac syndan wide . . . þurh að-
brycas and þurh wedbrycas and
þurh mistlice leasunga forloren
and forlogen ma, þonne scolde,
and freolsbricas and fæstenbricas
wide geworhte oft and gelome.
    Cf. 166 [3], note: . . . þurh
oferfylla . . .

Many of the rime-formulas, assertive expressions (at the begin-
ning or the end of sentence), and intensifying expressions, the free
use of which becomes a mannerism in Wulfstan, are found in the
Laws and *Institutes*.

larum and lagum,
    Schmid, 234; Æth., c. 42.

lare and lage,
    Wulfstan, 108 [4].

dæges and nihtes oft and gelome,
    Schmid, 232; Æth., c. 41.
    "   256; Cnut, c. 6.

dæges and nihtes oft and gelome,
112 [17].

oft and gelome,
  Schmid, 232; Æth., c. 41.
    "   234;   "   " 53.
    "   224;   "   " 22.

oft and gelome, 159[9]; 161[13];
etc.

wide and side,
  Thorpe, II, 340[11].

wide and side, 164[13].

wordes and weorces,
  Schmid, 230; Æth., c. 28.
    "   "   "   " 30.

word and weorc, 167[3].
wordes oððon weorces, 112[10].

wordes and dæde,
  Thorpe, II, 324[10].

wordes and dæde, 160[3].
wordes oððe dæde, 163[13].

for gode and for worolde,
  Schmid, 228; Æth., c. 8, etc.

for gode and for worulde, 160[5],
etc.

for godes lufe and ege,
  Schmid, 306; Cnut, c. 68, § 1.
ne for ege ne for lufe,
  Thorpe, II, 326[6].

lufe ne ege, 10[5]; 13[16].

wislice and wærlice,
  Thorpe, II, 336[29].

wislice and wærlice, 167[14].

And word and weorc freonda
gehwylc fadige mid rihte and
að and wedd wærlice healde.
  Schmid, 230; Æth., c. 28.

and utan word and weorc riht-
lice fadjan . . . and að and
wedd wærlice healdan . . .,
167[3].
. . . að and wedd wærlice
healdan . . ., 113[1].

Leofan men, ic bidde, gehyrað
hwæt ic wille secgan . . . and ic
bidde eow, leofan men, doð swa
ic lære, hlystað swyðe georne,
hwæt ic nu secge.
  Thorpe, II, 324[14].

Leofan men, ic bidde eow, þæt
ge geþyldelice hlystan þæs, þe
ic eow nu secgan wille.   7[11].

Ic bidde eow and eadmodlice
lære, men þa leofestan, þæt . . .
    Thorpe, II, 394 [1].

gecnawe, seþe cunne,
    Thorpe, II, 324 [18].
Cf. gyme, seþe wille,
    Thorpe, II, 310 [31].
Cf. gehealde, seþe wille,
    Thorpe, II, 338 [17].
	gecnawe, se þe cunne; 159 [3];
	162 [3].

Forþam, understande seþe cunne, Thorpe, II, 328 [16].	understande se þe wille, 161 [9]. understande se þe cunne; 162 [13].

And soð is þæt ic secge,
    Thorpe, II, 338 [17].
forðam soþ is, ðæt ic secge, ge-
lyfe seþe wille,
    Thorpe, II, 320 [3].
	Leofan men, gecnawað þæt soð
	is : 156 [4].
	Ac soð is þæt ic secge, 158 [4].
	ac soð is, þæt ic secge, gyme, se
	þe wille: 168 [4].

Forðam understande se þe wille
oððe cunne,
    Schmid, 254 ; Cnut, c. 4.
And lā understandan man georne
þæt . . .
    Schmid, 232; Æthelred, c. 29.
	understandaþ eac georne, 156 [7].
	Leofan men, utan understandan,
	167 [13].
	Leofan men, understandaþ, 108 [3].
	Leofan menn, understandað
	swyðe georne, 21 [13].

Full georne hig witan ðæt, Schmid, 258 ; Cnut, c. 6, § 2.	la hwæt, we witan ful georne, 157 [7]. Eac we witan ful georne, 161 [6].
gif he mage, Schmid, 284 ; Cnut, c. 25.	do māre, gyf he mæge, 160 [5].
swa hit þincan mæg, Thorpe, II, 322 [11] ; 326 [36].	swa hit þincan mæg, 159 [13]; 163 [19].
swa swa bēo tæcan, Thorpe, II, 340 [9].	swa swa bec tæcan, 165 [8]. þæs þe bec secgað. 15 [3]; 19 [11].

ealles to fela, Thorpe, II, 334 [17].	to fela, 156 [10]; 160 [13]; 161 [3]; etc.

ealles to swyðe,
  Thorpe, II, 320 [13]; 310 [30];
  312 [33]; 312 [40].
	ealles to swyðe, 164 [13].

swyðe georne, Thorpe, II, 306 [8]; 310 [8].	swa georne, 156 [11].
to swyðe, Thorpe, II, 308 [8]; 312 [33].	to swyðe, 156 [8]; 162 [16]; 168 [13]. ealles to swyðe; 164 [13].
ealles to gelome, Thorpe, II, 320 [36].	ealles to gelome, 157 [15].
ealles to wide, Thorpe, II, 322 [13].	ealles to wide, 156 [13]; 11 [11].

swa us mycel þearf is,
  Thorpe, II, 330 [34].
swa ic mycele þearf ah,
  Thorpe, II, 332 [14].
swa swa ure ealra þearf sy,
  Thorpe, II, 332 [34].
eall swa hit þearf is,
  Schmid, 262; Cnut, c. 14.
and æghwilc cristenman do swa
him þearf is . . .,
  Schmid, 266; Cnut, c. 19.
and ealra mauna þearf is,
  Schmid, 316; Cnut, c. 84, § 4.
	swa we þearfe agan, 109 [11].
	swa us þearf is, 166 [8].
	ealswa us þearf is, 167 [13].
	
	þæt ærest cristenra manna ge-
	hwilc ah ealra þinga mæste
	þearfe, 108 [3].

on æghwylce wisan, Thorpe, II, 320 [19].	on æghwylcum ende, 158 [8]. on gewelhwylcon ende, 159 [9]. on gewelbwilcum ende, 162 [14].
wiþ Godes yrre, Schmid, 222; Æthelred, c. 8.	þurh godes yrre, 159 [3]; 162 [3]; etc.

How shall we account for this close relation between the homilies and the laws? Is Wulfstan the author of both? Certainly this would be the most satisfactory manner of explaining the many agreements, both verbal and stylistic.

That Wulfstan was the author of the Latin paraphrase of the laws enacted at the council of Enham, in the reign of Æthelred, we know from his own words (Schmid, p. 239): "*ego Wulfstanus . . . Eboracensium archiepiscopus, eadem . . . literis infixi,*" etc. (Cf. Napier, *Über die Werke*, etc., p. 6.)

Wanley, finding the *Institutes of Polity* (Thorpe, II, 304–341) by the side of Wulfstan's homilies, and in Worcester MSS. only, did not hesitate to ascribe them to the Archbishop.[1] Dietrich, *Niedner's Zeitschrift f. hist. Theol.*, p. 544, thinks Wulfstan may be the author of the *Ecclesiastical Institutes* (Thorpe, II, 394 ff.) (cf. Napier, *Über die Werke*, etc., p. 6.).

Freeman, commenting on certain provisions of the Laws of Æthelred, says (*Hist. Nor. Con.*, I, 368): "In all this we can hardly fail to trace the hand of the good Archbishop Ælfheah."

It is more probable that we have here traces of the hand of the "good Archbishop" Wulfstan. I shall attempt to show later that Wulfstan had a distinct purpose in quoting freely the Laws and Institutes. For the present, it is only necessary to remark that the similarity in style in the homilies and Laws leaves little doubt of the fact that the homilist is in large measure the author of the Laws. We must remember that Wulfstan held a position of great prominence in the reign of Æthelred and in a part of the reign of Cnut. The laws of these monarchs are concerned with spiritual as well as temporal affairs, and we should expect that the Archbishop of York, with other ecclesiastical dignitaries, would be called upon to help in framing them.

----

[1] The *Institutes of Polity* are found in a tenth century MS. Cf. Thorpe, I, p. XXVI.

PART II.

It is the object of the second part of this work to classify the remaining homilies of the Wulfstan collection. Testing these by the principles of style which characterize the accepted homilies, we arrange them into two main groups:

I. The Wulfstan-Group.

II. Homilies not in the Wulfstan-Group.

In the Wulfstan-Group a further classification is attempted:

a. Homilies probably written by Wulfstan.

b. Homilies showing features of Wulfstan's style, though probably not written by him.

Such a division is necessarily unsatisfactory. It is not possible, in the light of the few accepted homilies, themselves differing in style, to determine beyond doubt into which of these divisions a given homily should fall. Yet there are certain of these homilies which one feels must be the work of Wulfstan, while there are others which show only in part Wulfstan-characteristics, being probably the work of imitators.

I. THE WULFSTAN-GROUP.

a. HOMILIES PROBABLY WRITTEN BY WULFSTAN.

Homily V.

An external evidence for ascribing this homily to Wulfstan is found in the place of its appearance in the MSS. It is found in four MSS., B. C. E. H., all of which contain accepted homilies of Wulfstan (cf. Napier: *Wulfstan, Sammlung der ihm zugeschriebenen Homilien*, etc., 314 ff.). In MS. B. the order is: XXXIII, V, II; here it appears between two accepted homilies. In E. the order is: II, III, V; here it follows two accepted homilies, and is third in order from the superscription *incipiunt sermones Lupi episcopi.*

Examining the homily itself, we find that it consists chiefly of thoughts found in the *Laws* and *Institutes* bearing on baptism. These ideas are united into a consecutive narrative, exactly in the style of Wulfstan, many of them being found in the same words in his accepted homilies.

Instances of agreement with *Laws* and *Institutes*:

Compare 32[4-5] with Thorpe, II, 330[23].

" 32[14-15] " " " 338[11].

" 33[1-4] " Schmid, 266; Cnut, c. 22.

" 33[14] " " " " " 21.

" 37[20] " " 265; " " 18, § 1.

Instances of agreement with accepted homilies:

32[14]: . . . and þæt he eac wiðsace anrædlice deofles gemanan: þæt is, þæt he forsace and forbuge his unlara . . .

109[17]: . . . and deofol ascunjan and his unlara georne forbugan.

33[1]: . . . þæt he cunne, þæt ælc cristen man huru cunnan sceal, pater noster and credan. mid þam pater nostre man sceal to gode gebiddan and mid þam credan geswuteljan rihtne geleafan.

20[13]: . . . þæt he cunne, þæt ælc cristen man huru cunnan sceal, pater noster and credan. forþam mid þam oðrum sceal ælc cristen man hine to gode gebiddan and mid þam oðrum geswuteljan rihtne geleafan.

37[7]: þonne is mycel þearf, þæt cristenra manna gehwylc þæt understande, and þæt he his cristendom mid rihte gehealde.

20[6]: . . . understandað, þæt ælc cristen man ah micle þearfe, þæt he his cristendomes gescead wite, and þæt he cunne rihtne geleafan rihtlice understandan.

37[18]: . . . forðam we synd þurh cristendom ealle gebroðra . . .

112[5]: and þæt we syndan þurh cristendom ealle gebroðra.

38[7]: ac utan understandan, hwæt þa twa word mænan, *abrenuntio* and *credo*, . . .

110[6]: twa word behealdað mycel: *abrenuntio* and *credo*.

37 [20]: . . . þæt æni cristen man oðrum ne beode, butan þæt he wille þæt man him beode . . .

112 [5]: and utan understandan, þæt nis nan rihtra dom, þonne ure ælc oðrum beode, þæt we willan, þæt man us beode.
Cf. 29 [4].

38 [14]: and þeah þæt cild to þam geong sy, þæt hit specan ne mæge, þonne hit man fullaþ, his freonda forspræc forstent him eal þæt sylfe, swylce hit sylf spæce.

110 [2]: and þeah þæt cild for geogoðe sprecan ne mage, þonne hit man fullað, his freonda forespræc forstent him eal þæt ylce, þe hit sylf spræce.

39 [23]: . . . and hyne sylfne wærlice beðence and his cristendom clænlice healde and ælcne hæþendóm mid ealle aweorpe.

112 [15]: utan gyman, þæt we urne cristendom clænlice gehealdan and aweorpan ælcne hæþendom.

38 [3]–40 [3] is found again in LVIII, 301 [5]–302 [10].

Homily X.

Found in MSS. B. C. E. I.   In B. it lies immediately before XIX.

Instances of agreement with *Laws* and *Institutes*:

Compare 65 [15-17] with Thorpe, II, 330 [25].
  " 67 [2-3] " Schmid, 234 ; Æth., c. 49.
  " 67 [7] " Thorpe, II, 338 [6].
  " 67 [10-12] " " " 338 [13].
  " 67 [15-18] " " " 338 [29-36].
  " 67 [19-24] " " " 340 [15-23].

70 [1]–71 [6] ; 73 [8]–74 [11] are based on *Laws*.

Instances of agreement with accepted homilies:

65 [15]: Leofan men, eallum cristenum mannum is mycel þearf, þæt hy heora cristendomes gescad witan, and þæt hy heora cristendom rihtlice healdan.

20 [5]: understandað, þæt ælc cristen man ah micle þearfe, þæt he his cristendomes gescead wite . . .

67 [1] : . . . and he georne eac lærde, þæt manna gehwilc oðrum beode þæt, þæt he wille, þæt man him beode.
Cf. 73 [10].

29 [4] : and ænig man oðrum ne beode butan riht : þæt is, þæt gehwa oðrum beode, þæt he wille, þæt man him beode.
Cf. 112 [4].

67 [7] : . . . and eal þæt gelæstan, þæt þæt we behetan, þa we fulluht underfengan, oððon þa, þe æt fontbæðe ure foresprecan wæran.

109 [14] : . . . and geðencan, hwæt we behetan, þa we fulluht underfengan, oððon þa, ðe æt fulluhte ure foresprecan wæran.

71 [13] : . . . forðam understande, se þe wille.

21 [11] : Leofan menn, understandað swyðe georne . . .
Cf. 108 [2]. Cf. 156 [7] ; 167 [13].

73 [5] : ealle þa þry naman befehð an godcund miht, and is untodæled an ece god, wealdend and wyrhta ealra gesceafta ; . . .

21 [13] : ealle þa þry naman befehð an godcund miht, and is untodæled an ece godd, waldend and wyrhta ealra gesceafta.

74 [21] : and doð, swa ic lære, . . .
Cf. 69 [10].

159 [2] : gecnawe, se þe cunne.

oft and gelome, 73 [20] ; 75 [10].

oft and gelome, 159 [9], etc.

ealles to lange, 69 [15].
ealles to gelome, 69 [17].
ealles to swyðe, 70 [9].
to swyðe, 69 [16] ; 69 [19] ; 70 [5] ; 70 [15] ; 70 [20] ; 70 [17] ; 74 [19].

ealles to gelome, 157 [15] ; 164 [18].
ealles to swyðe, 164 [18].
to swyðe, 156 [8] ; 162 [16] ; 168 [13].

Homily XII.

Found in MSS. C. E. G. H. In H. it lies immediately before **XXXIII**.

Instances of agreement with *Laws :*

Compare 78 [7-9]   with Schmid, 266 ; Cnut, c. 21.
    "   79 [13]–80 [6] "   "   268 ; "   " 26.

Instances of agreement with accepted homilies:

79[7]: . . . þæs þe beo secgað, . . .

15[3]: . . . þæs þe beo secgað. Cf. 19[11].

79[6]: and swa mycel earfoðnes gewyrð on mænige wisan gyt wide on worulde, þæs þe beo secgað, þurh deofles bearn, þe unriht dreogað, swa næfre ær on worulde ne gewearð, forðam þæt mæste yfel cymð to mannum, þonne Antecrist sylf cymð, þe æfre ær on worulde gewurde.

19[3]: he sæde, þæt æfter þisum fæce gewurðan sceall swa egeslic tima, swa æfre ær næs, syððan þeos woruld gewearð; Anticristes tima biþ æfter þysum, and nu swyðe raðe his man mæg wenan, and þurh hine gewyrð swa micel gryre, swa næfre ær on worulde ne gewearð.

79[13]: . . . forðam þeos woruld is fram dæge to dæge a swa leng swa wyrse.

156[5]: . . . and þy hit is on worulde a, swa leng, swa wyrse, . . .

80[7]: god us gescylde wið þæne egesan, and he us geryme to ðære ecan myrhðe, þe þam is gegearwod, þe his willan gewyrcað . . .

18[6]: . . . þæt he hæfð us gerymeð rihtne weg to ecan life; . . .

19[14]: . . . þa, þe godes willan her wyrcað, þa sculan þonne habban ece blisse on heofona rice.

Homily XIII.

Found in MSS. C. E. H.

Instances of agreement with *Laws* and *Institutes:*

Compare 86[10] with Thorpe, II, 324[28]; 320[1].
"   87[1] "   "   " 324[17].

Instances of agreement with accepted homilies:

81[2]: þa sæde he heom, þæt swilce earfoðnessa and swylce

19[3]: he sæde, þæt æfter þisum fæce gewurþan sceall swa egeslic gedrecednessa sculan on worulde ær þam ende geweorðan, swylce næfre ær ne gewurdan ne næfre eft ne geweorðað.

Cf. 85[10].

81[13]: ealles to swyðe.
82[9]: ealles to wide.
85[3]: ealles to manege.

82[4]: and gecnawe, se þe cunne, . . . Cf. 82[13].

82[10]: . . . ne manna getrywða to ahte ne standað, ac unriht ricsað wide and side, and tealte getrywða sindon mid mannum, . . .

82[19]: Crist wæs ealra bearna betst geboren, þe æfre geboren wurde, ...

83[2]: nu sceal hit nyde yfeljan swyðe, forðam þe hit nealæcð georne his timan, . . .
Cf. 83[10]; 83[11].

83[18]: wide and side.

85[3]: . . . and god him geðafað þæt for manna gewyrhtum,

4

---

tima, swa æfre ær næs, syððan þeos woruld gewearð; . . .

164[18]: ealles to swyðe.
156[15]: ealles to wide. Cf. 11[11].

159[3]: . . . gecnawe, se þe cunne; . . . Cf. 162[2].

156[9]: . . . and þæt lytle getrywða wæron mid mannum . . . and unrihta to fela ricsode on lande; . . .
159[14]: . . . nu fela geara unrihta fela and tealte getrywða æghwær mid mannum.

14[15]: . . . and of heora cynne syððan geboren wearð ealra bearna betst, þe æfre geboren wurde, þæt was ure drihten Crist, . . .

156[4]: ðeos woruld is on ofste, and hit nealæcð þam ende, and þy hit is on worulde a, swa leng, swa wyrse, and swa hit sceal nyde ær Antecristes tocyme yfeljan swyðe.

164[15]: wide and side.

11[11]: deofol ah þurh godes geþafunge þæs geweald, þæt he

þæt he sume hwile mot swa wodlice derjan . . . þæt deofol mot openlice þonne heora fandjan, hu fela he forspanan mæge to ecan forwyrde.

mot manna fandjan, hwæðer heora geðanc aht sy, . . .

86 [5]: nis se man on life, þe mæge oððe cunne swa yfel hit asecgan, . . .

26 [11]: nis se man on lífe, þe areccan mæge ealle þa yrmða, . . .

86 [5]: ne byrhð þonne broðor oðrum hwilan ne fæder his bearne ne bearn his agenum fæder ne gesibb gesibban þe ma, þe fremdan.

159 [15]: ne bearh nu for oft gesib gesibban þe ma, þe fremdan, ne fæder his bearne ne hwilum bearn his agenum fæder ne broðor oðrum.

86 [9]: eac sceal aspringan wide and side sacu and clacu, hol and hete and rypera reaflac, here and hunger, bryne and blodgyte and styrnlice styrunga, stric and steorfa and fela ungelimpa.

159 [7]: ne dohte hit nu lange inne ne ute, ac wæs here and hunger, bryne and blodgyte on gewelhwylcon ende oft and gelome; and us stalu and cwalu, stric and steorfa . . . hol and hete and rypera reaflac derede swyðe þearle, . . .

86 [16]: and eal hit forwurde, gyf god ne gescyrte þæs þeodscaðan lifdagas þe raðor þurh his mihta. ac for þæra gebeorge, þe him syn gecorene, and þe he habban wyle gehealden and geholpen, . . . þonne wurð godes dom rihtlice toscaden; . . .

19 [8]: . . . and eal hit forwurde, gyf god his hwile ne scyrte; ac godd hine fordeþ þe raþor forþam þe he wile gebeorhgan þam, þe him sylfum syn gecorene and gecweme. and raðe syððan æfter þam, . . . gewyrð se micla dóm, . . .

Homily XIV.

Found in MSS. C. E., in both of which it follows XIII. This homily is so short that few instances of agreement with the *Laws* or with the accepted homilies can be given; but its tone and general style leave little doubt that it is a genuine homily of Wulfstan's.

Compare 9 [11] with Thorpe, II, 338 [13].

Instances of agreement with accepted homilies:

89 [13]: we witan ful georne.	157 [7]: . . . we witan ful georne . . . Cf. 161 [6].
89 [16]: to swyðe.	156 [8]: to swyðe. Cf. 162 [16];
89 [19]: to manege.	168 [13].
89 [34]: . . . nis se man on eorþan ne se encgel on heofonan, þe wite . . .	114 [9]: nis se man on life, þe areccan mæge . . .
90 [10]: . . . utan don . . . swa us þearf is, . . .	166 [3]: and utan don, swa us þearf is, . . . Cf. 167 [12].

Homily XV.

Found in MSS. A. C. E. In the last two it follows **XIV.**
Compare 93 [32]–94 [10] with Thorpe, II, 330 [8].
92 [8-13] is based on *Laws.*

Instances of agreement with accepted homilies:

91 [5]: and þy is fela yfela and mislicra gelimpa wide mid mannum.	159 [14]: . . . nu fela geara unrihta fela and tealte getrywða æghwær mid mannum.
91 [10]: and þy hit is on worulde a, swa leng, swa wyrse, . . .	156 [8]: . . . and þy hit is on worulde a, swa leng, swa wyrse, . . .
91 [13]: swytol and gesyne.	159 [5]: swutol and gesyne.
91 [10]: swyðe georne.	156 [11]: swa georne.
91 [17]: for gode and for worulde.	160 [6]: for gode and for worulde.
92 [11]: to swiðe.	156 [8]: to swyðe.
92 [20]: to fela.	156 [10]: to fela.

93[13]: ne byrhð se gesibba þam gesibban þe ma, þe þam fremdan.

159[15]: ne bearh nu for oft gesibb gesibban þe ma, þe fremdan, . . .

Compare 93[23]–94[10] with 114[2]–114[13]; 26[6]–26[14].

94[10]: eala, leofan men, utan don, swa us þearf is, beorgan us georne wið þæne egesan and helpan ure sylfra þa hwile, þe we magan and motan, . . .

27[4]: ac do nû manna gehwylc, swa him mycel þearf is, geswice yfeles and bete his misdæda þa hwile, þe he mage and mote: . . .

Homily XVII.

Found in MSS. C. E. H. In C. and E. it follows xv; in H. it follows xii, and lies just before xxxiii.

101[23]–102[5] is based on the *Laws*.

Instances of agreement with accepted homilies:

94[20]: Leofan men, us is mycel þearf, þæt we wære beon þæs egeslican timan, þe towerd is. nu biþ swyðe raðe Antecristes tima, þæs þe we wenan magan and eac georne witan, and þæt biþ se egeslicesta, þe æfre gewearð, syððan þeos woruld ærost gescapen wæs. . . . þurh Crist com eallum middanearde help and frofer, and þurh Antecrist cymð se mæsta gryre and seo mæste earfoðnes, þe æfre ær on worulde geworden wearþ; and eall mancynn forwurde forðrihte, gif god his dagas ne gescyrte. ac god gescyrt his dagas for ðæra þingan, þe him gecorene syn and he gehealden habban wile.

19[1]: . . . and eac he sæde for myclan egsan, þe gyt toweard is; he sæde, þæt æfter þisum fæce gewurþan sceall swa egeslic tima, swa æfre ær næs, syððan þeos woruld gewearð; Antecristes tima biþ æfter þysum, and nu swyðe raðe his man mæg wenan, and þurh hine gewyrð swa micel gryre, swa næfre ær on worulde ne gewearð. eall middaneard biþ þurh hine gedreht and gedrefed, and eall hit forwurde, gyf god his hwile ne scyrte; ac god hine fordeþ þe raþor, forþam þe he wile gebeorhgan þam, ðe him sylfum syn gecorene and gecweme.

97 [7]: ealles to lyt.

97 [9]: ure drihten Crist ge-
hælde fela þæra on life, þe
unhale wæron, and se deofol
Antecrist gebrocað and geun-
trumað þa, þe ær hale wæron;
and he nænne gehælan ne mæg,
buton he hine ærest awyrde.
ac syððan he þæne mann ge-
brocoð hæfð, syððan he mæg
dón, swylce he hine gehæle, gyf
he geswycð þæs, þe he ær þam
men to yfele dyde.

164 [18]: ealles to swyðe.

11 [15]: . . . þonne deþ he þeah
swyðe lytelice, þær he ongyt
unwære menn, sent sona on hy
sylfe oððon hwilum on heora
yrfe sum swiðlic brocc, and
þonne hwilum gehataþ hy æl-
messan þurh deofles lare oððon
to wylle oððon to stane oððon
elles to sumum unalyfedum
þingum, and þonne sona for
oft byþ þæt brocc liþre. la,
for hwy þonne biþ hit swa,
buton forðam, þe se man byð
þonne beswicen, and deofol ah
ða saule, butan he geswice and
ðe deoppor gebete þa misdæde?
of deofle ne cymð ænig oðer
bót, buton, þonne he hæfð þæs
mannes sawle beswicen, þonne
geswicð he þære dare, þe he þam
menn elles ær mid derede, . . .

97 [20]: ælc yfel he mæg don
and ælc he deþ; . . .

11 [14]: ælc yfel cymð of deofle
and ælc broc and nan bot; . . .

98 [1]: ne can ic ne æfre ænig
man oðrum asecgan fore ealne
þone egsan, þe þurh þæne deofol
on worulde geweorðan sceal.

114 [9]: nis se man on life, þe
areccan mæge ealle þa yrmða,
þe se gebidan sceal . . .

98 [3]: þonne age we mycle
þearfe, . . .
98 [5]: and mycle þearfe agan
þa, . . .   Cf. 101 [10].

109 [11]: utan don éac, swa we
þearfe agan, . . .

99 [4]: æt nyhstan.   Cf. 99 [8];
99 [24].

10 [4]: æt nyhstan.   Cf. 10 [7].

99 [19] : to swyðe.   156 [8] : to swyðe. Cf. 162 [16] ;
100 [10] : swyðe georne.   168 [13].
98 [16] : swyðe þearle.
98 [18] : wundorlice swyðe.
99 [6] : þearle swyðe.

101 [13] : eac is secge to soþe, . . .   158 [4] : Ac soþ is, þæt ic
                                                     secge, . . . Cf. 168 [4].

Homily XXVII.

Nearly every sentence in this homily can be found in XXXIII ;
it is only a shortened form of that homily.

Cf. Napier, *Über die Werke*, etc., p. 16.

b. Homilies Showing Features of Wulfstan's Style, Though Probably Not Written by Him.

Homily I.

Found in MSS. C. E. L.   In C. and E. it lies just before the
superscription *inc. serm. Lupi epis.* It is only in the last part of
this homily, 4 [4] to end, that marks of Wulfstan's style are found.

5 [11] : ac soþ is, þæt ic secge.

Compare 5 [13-16]   with 108 [8]–109 [1].

"   4 [4], note, "   123 [15]–124 [8] ; 90 [5-14].

Homily XXIV.

Compare 119 [13]–120 [1] with Schmid, 266 ; Cnut, c. 20.

"   121 [5-10]   "   16 [9-13] ; 18 [5-7].

121 [5]–122 [9] found again in 150 [23]–151 [14].

122 [5-9]   "   "   " 127 [13], note.

Homily XXV.

Compare 122 [13]–123 [7] with 32 [4-13].

"   123 [15]–124 [8] "   4 [4], note.

Homily XXVI.

Compare 125[1-6] with Schmid, 266; Cnut, c. 22. Cf. 20[6-13].
" 127[5-13] " 124[10-15].

Homily XXXVII.

Based almost entirely on *Laws.*
Compare 176[20] with Schmid, 266; Cnut, c. 21.
" 176[25] " " 268; " " 26.
" 176[34] " " 254; " " 4.
" 179[5-9] " Thorpe, II, 324[21-25].
" 179[11-13] " " " 338[21-23].
" 179[13-32] " Schmid, 234; Æthelred, c. 42–49.
Cf. 308[17]–309[9].
" 176[33]–178[18] " Thorpe, II, 308[16]–310[7].

Homily XL.

188[11]–189[5] is based on *Laws.*
Compare 189[4-5] with 109[3-4].
" 189[5-7] " 156[4-5].
" 189[11-15] " 4[4], note.

Homily XLI.

Compare 191[6-15] with Thorpe, II, 310[16-31]. Cf. Schmid, 268;
Cnut, c. 26.

Homily XLII.

Compare 191[25]–192[10] with 94[20]–95[5].
" 199[14]–201[2] " *Revelation,* c. IX.
" 202[19]–204[23] " 25[7]–28[4].

Homily XLVII.

The first part of this homily, to 243[21], is in Wulfstan's style.
Compare 242[23]–243[3] with 159[5-13].
" 243[7] " 156[10].

II. HOMILIES NOT IN THE WULFSTAN–GROUP.

The following homilies show no evidence of Wulfstan's style. Extracts from the accepted homilies are doubtless the work of copyists.

Homily XXIX.

This is a compilation made up from several sources:

1. Introduction, consisting of passages from *Laws*.

2. 136^{26}–140^{3}, prose rendering of *Be Domes Dæge*, ll. 92–269. Cf. Napier, *Wulfstan, Sammlung der ihm zugeschriebenen Homilien*, etc., p. VIII.

3. 140^{9}–141^{28}, *Speech of Soul to Body*, found in Thorpe, II, 396^{39}–398^{40}. Compare 142^{28}–143^{2} with Thorpe, II, 400^{3-6}.

4. Conclusion, based on *Laws*.

Homily XXX.

Compare	143^{5-15}	with Thorpe,	II,	338^{29-33}.
"	143^{16-19}	"	"	" 340^{15-19}.
"	143^{23}–144^{23}	"	"	" 338^{1-27}.
"	148^{18}–149^{9}	"	263^{1}–264^{5}.
"	148^{28}	. "	Thorpe, II, 396^{20}.
"	150^{33}–151^{14}	"	121^{5}–122^{9}.
"	151^{27}–152^{3}	"	18^{15}–19^{4}.
"	152^{3-6}	"	19^{16}–20^{4}.

Homily XXXV.

Compare 169^{16}–170^{3} with 159^{7-13}. Cf. Thorpe, II, 324^{38}.
      " 172^{13} " Thorpe, II, 324^{17}.

Homily XXXVI.

Same as above, with variant readings. Cf. Napier, *Wulfstan*, etc., note to homily XXXV.

Homily XLIII.

Compare 207^{29}–209^{9} with 116^{1}–119^{11}.
      " 209^{9}–209^{25} " 113^{13}–114^{12}.

Homily XLIV.

Same as above, with variant readings. Cf. Napier, *Wulfstan*, etc., note to homily XLIII.

Homily XLV.

Many passages found again in homily XLIV.

Homily XLIX.

The beginning (250^{16}–252^{12}) and end of this homily are found in *The Blickling Homilies*, p. 105 ff. Cf. Napier, *Wulfstan*, etc., p. VIII.

Homily L.

Compare	266 [9-12]	with Schmid, 250; Cnut, c. 2, § 3.	
"	266 [12]–267 [8]	" Thorpe, II, 304 [8]–306 [12].	
"	267 [9-24]	" " " 306 [31]–308 [7].	
"	268 [12-15]	" 156 [14]–157 [3].	
"	268 [20-25]	" 159 [7-15].	
"	268 [25-29]	" 161 [11]–162 [2].	
"	269 [1-8]	" Schmid, 222; Æthelred, c. 4, 5.	
"	269 [16-24]	" " 228; " " 5 and § 1.	
"	270 [4-29]	" Thorpe, II, 334 [25]–336 [19].	
		Cf. Thorpe, II, 372, XXIII.	
"	271 [1-7]	" Schmid, 248; Æthelred, c. 40.	
"	271 [8-17]	" " 228; " " 11, 12.	
"	271 [15-20]	" " 230; " " 26.	
"	271 [20]–272 [3]	" " 232; " " 31, 32.	
"	272 [3-5]	" " 232; " " 32, § 2.	
"	272 [5-8]	" " 244; " " 7.	
"	272 [9-12]	" " 244; " " 10.	
"	272 [15-18]	" " 262; Cnut, c. 14, 15, 16.	

273 [16-18] found again in 79 [13-17].
273 [21-31] " " " 85 [15]–86 [5].

Homily LI.

Compare	274 [13-16]	with Schmid, 220; Æthelred, c. 1.	
"	274 [16-18]	" " 226; " " 35.	

Compare 274[18]; 274[31-33] with Schmid, 220; Æthelred, c. 1, § 1.
"   274[33]   "   "   304; Cnut, c. 64.
"   275[9-11]   "   "   230; Æthelred, c. 14.

Homily LII.

Compare with Thorpe, II, 326[1-6; 16-34]. Cf. Napier, *Wulfstan,* etc., note.

Homily LIV.

This homily agrees in part with a homily of Ælfric's. Cf. *Homilies of the Anglo-Saxon Church,* Thorpe, II, 574 ff.

Compare 277[13-16] with Ælfric, 574[23] ff.
"   278[3-6]   "   "   578[17] ff.
"   279[34-39] "   "   580[10].
"   280[5-6]   "   "   580[23].
"   280[20-34] "   "   582[26].
"   281[7-14]   "   "   586[1].

Homily LV.

With the exception of ll. 282[22]–284[13] and 284[28]–285[14], this homily is the same as one of Ælfric's. (*Homilies of the Anglo-Saxon Church,* Thorpe, II, p. 98 ff.) Cf. Napier, *Wulfstan,* etc., p. VIII.

Lines 100[28]–104[13] in Ælfric are not found in this homily.

Compare 282[22]–283[18] with (Wulfstan) 6[1]–7[14]; Thorpe, II, 328[37]–330[6].

Homily LVIII.   (*Fragment.*)

Compare 300[1-3]   with Schmid, 266; Cnut, c. 20.
"   300[16]–301[5]   "   120[5]–121[5].
"   301[5]–302[10]   "   38[3]–40[3].
"   303[6-12]   "   239[8-12].
"   303[24]–304[14]   "   Thorpe, II, 328[29]–330[6].
"   306[8-14]   "   122[4-9].
"   306[17-30]   "   7[12]–8[7].

Homily LIX.

Compare 307 [4-16]   with Thorpe, II, 324 [17-30].
"   307 [4-13]   "   179 [5-6].
"   307 [16-20] "   Schmid, 266 ; Cnut, c. 21.
"   307 [20-36] "   "   "   "   " 22.
"   307 [36]–308 [2] " " 268 ;   "   " 23.
"   308 [3-4]   "   "   "   "   " 24.
"   308 [4-13] "   "   258 ;   "   " 7.
"   308 [15-17] "   "   268 ;   "   " 25.
"   308 [17]–309 [5] " " 234 ; Æthelred, c. 42–49.
"   308 [18]–309 [5] " 179 [13-30].

Homily LX.

Compare 309 [18-21] with Schmid, 226 ; Æthelred, c. 31.
"   309 [21-26] "   "   228 ;   "   " 7.
"   310 [6-9]   "   159 [16-17].

Homily LXI.

Compare 310 [27]–311 [13] with Schmid, 244 ; Æthelred, c. 9–16.

Homilies IV, IX, XI are in Latin; VI is in Latin and Anglo-Saxon. XVII, XXXVIII, XXXIX, LVI are based, in general, on the *Laws;* but these, with VII,[1] XXXI, XXXII, XLVI, XLVIII, LVII, LXII, are not in the style of Wulfstan.

————

CONCLUSION.

An examination of the accepted homilies of Wulfstan shows that the most prominent features of his style are legal phraseology; heaping of alliterating substantives; numerous repetitions; accumulation of short sentences, each detailing some separate sin or misfortune; favorite introductory and final clauses; intensifying expressions; rhythm; and striving after clearness. His weakness

[1] Cf. Wülker, *Grundriss zur Geschichte der Angelsächsischen Litteratur*, p. 480, § 579.

in the use of *tropes* shows a lack of strong imaginative power. His strength in figures lies in the use of those which depend on sound for effect.

Wulfstan is first of all a preacher: Ælfric is teacher and then preacher. We do not find Wulfstan, like Ælfric, lingering over distinctions of terms. His sermons are addressed to the emotions of his hearers; he is the great forerunner of the modern evangelist. That he is, also, in a certain sense, a teacher, is shown by the incorporation of parts of the *Laws* into his homilies. These legal-homilies are an interesting example of the inter-relation of Church and State. The churchman felt it his duty to keep before the minds and consciences of his people the law of the land; the statesman, as in the case of Alfred, placed the Ten Command-ments at the head of his laws. This kind of homily degenerated in the hands of Wulfstan's imitators, becoming practically all *law*, the homiletic portion amounting to nothing more than introduc-tion and conclusion.

From the Wulfstan collection I have selected seven homilies (XXVII being practically the same as XXXIII) which I think can be safely assigned to the Archbishop. These, added to those accepted by Napier, make fifteen genuine Wulfstan homilies. Nine others show Wulfstan characteristics, though not sufficiently, I think, to justify one in ascribing them to him. Of those which remain, I have indicated the sources so far as I have been able to find them. New light will doubtless be thrown on the whole subject when we shall be so fortunate as to have a critical edition of all the Anglo-Saxon homilies.

LIFE.

I was born at Kinard, South Carolina, July 17, 1864. While attending Newberry College, I received an appointment to the South Carolina Military Academy, from which institution I was graduated in 1886. After teaching two years in the Male Academy at Newberry, I returned to my Alma Mater, where I remained three years as Assistant Professor of English. In 1891 I entered the Johns Hopkins University, where I have pursued graduate courses in English, German, and History. I have attended the lectures of Professors Bright, Browne, Wood, Adams, Emmott, Greene, and Dr. Learned, to all of whom I desire to make this public acknowledgment of gratitude for their kind assistance. Especially am I indebted to Professor Bright for constant help and encouragement.

May, 1895.